KB023447

매일매일, 와비사비

"채우지 않아도 괜찮습니다"

베스 켐프턴 지음
박여진 옮김

WABI-SABI

매일매일, 와비사비

윌북

나의 가족에게
있는 그대로의 모습들을 사랑합니다.

차례

덜 걱정하고,
더 열심히 살고,
사랑하는 일 하기

친애하는 한국 독자들께

이 책을 선물로 받았건 마음이 끌려 구매했건, 여러분의 삶에 이 책이 함께하게 되어 무척 기쁩니다. 이 책에서 좋은 영감을 받길 바랍니다.

오래전 더럼 대학교에 다니던 시절, 아늑하고 고풍스러운 동아시아연구학과 강의실에서 1년 동안 한국어를 배운 적이 있습니다. 한글의 생김과 모양에 무척 매료되었던 기억이 납니다. 정갈하게 배치된 한글의 시적인 운율과 의미에 놀라기도 했지요.

한국어를 배우면서 제 자신을 소개하는 법, 대중교통을 이용하는 법, 상점에서 물건을 구입하는 법 등을 공부했습니다. 한국의 역사와 문화에 대해서도 배웠습니다. 산속 사찰에 드리운 운해, 바쁘게 돌아가는 휘황찬란한 도시, 벚꽃이 만발한 공원 등이 담긴 한국의 풍경을 사진으로 보며 입을 다물지 못했던 기억이 납니다. 저처럼 아시아를 사랑하는 이에게는 친숙하고도 매혹적인 풍광이었습니다.

이후 저는 서울과 부산으로 여행을 갔습니다. 여행에서 만난 쾌활한 한국 여성들과 다정한 한국 남성들은 평생 잊지 못할 겁니다. 이 책이 한국어로도 나오게 되어 얼마나 감격스러운지 모르겠습니다.

이 책에 나오는 삼림욕이나 생활방식, 불교의 가르침, 도자기 전통 등은 아마 한국 독자 여러분에게도 친숙한 주제일 겁니다. 와비사비는 이미 한국의 역사와 생활 속에 스며들어 있는 지혜와 철학일 거라 생각합니다. 사회가 고도로 현대화되어갈수록, 이미 가진 것들의 가치를 깨닫고, 오래된 것에서 아름다움을 느끼는 와비사비 정신은 더욱 중요해집니다. 여러분도 와비사비에서 삶의 놀라운 지혜를 찾으시길 바랍니다.

무엇보다 이 책이 여러분에게 한국의 문화에 더욱 호기심을 갖게 해주는 책이 되길 바랍니다. 여러분을 진정으로 한국인답게 해주는 것은 무엇인지, 여러분의 삶을 이끄는 철학과 생각은 무엇인지 깊이 성찰하게 해주는 그런 책이 되었으면 합니다.

감사와 존경을 담아
베스 켐프턴

들어가며

와비사비는
생명의 본질을 담은 아름다움이다.

덧없고, 불완전한 모든 것들을
있는 그대로 받아들이는 것이다.

단순하고 느리고 자연스러운 삶을
축복으로 여기는 자세이자 태도다.

WABI-SABI

추운 12월 밤, 나는 자전거를 타고 일본의 옛 수도 교토의 캄캄한 어둠 속을 달렸다. 히가시야마 산발치에 자리 잡은 작은 사찰 쇼렌인을 향해 가는 길이었다. 사찰 정원에는 은은한 조명이 켜 있었다. 어둠이 내려앉은 소나무들과 꿈처럼 아름다운 대나무 숲에 신비로운 불빛이 드리워 있었다.

향내가 공기를 가득 메운다. 뭐라고 형언할 수 없는, 보랏빛을 닮은 냄새다. 경내에 무수히 흩어진 잔잔한 불빛들이 수천 개의 별처럼 깜박인다. 나무들 사이로 보이는 달무리에서 매혹적인 은색 달빛이 내려와 연못에 흩어진다. 부드러운 물결 아래로 잉어들이 유영할 때마다 연못 위에 떨어진 낙엽들이 이리저리 흔들린다.

단풍 낙엽 하나를 집어 든다. 시들어 끝자락이 동그랗게 말린, 붉디붉은 낙엽. 얇고 주름진 모습이 마치 우리 할머니의 손등 같다. 가슴이 탁 트인다. 지금 이 순간, 필요한 모든 것이 내게 있다. 다시는 돌아오지 않을 찰나에 푹 젖은 이 순간, 나는 고요한 만족을 느낀다.

이것이 와비사비다.

와비사비의 힘

와비사비는 일본인의 미적 감성과 온화한 성품의 근간이다. 일본에서 와비사비를 논하는 사람들은 매우 드물지만 이는 실제 삶의 방식을 이끌어주는 세계관이다. 와비사비는 모든 곳에 영향을 미치지만 어느 곳에서도 보이지 않는다. 와비사비는 매혹적인 신비. 천천히 알아가겠다고 생각하는 이들에게 귀한 지혜를 속삭여준다.

나는 20년 동안 일본을 오가며 지냈다. 그동안 와비사비를 이해하기 위한 노력을 계속했지만 와비사비의 진정한 개념은 여전히 모호하다. 느낄 수는 있지만 설명할 말은 없다. 이전에도 와비사비를 설명하려는 노력들은 있었다. 하지만 설명들은 늘 부족했다.

와비사비는 생각보다 훨씬 깊은 개념이며 삶의 많은 부분에 스며들어 있다. 이 책을 쓰기 위해 와비사비를 연구하고 나서야 비로소 나는 그 힘이 얼마나 강한지 깨달았다.

오늘날 삶의 속도는 날로 빨라진다. 스트레스는 지붕을 뚫을 듯 높이 치솟고, 돈과 직업, 외모와 물건에 집착하는 강도는 날로 커진다. 우리 자신을 더 힘들게, 더 괴롭게 몰아붙일수록 불만은 점점 커진다. 늘 과로와 과도한 압박, 과중한 무게에 짓눌리고 시달린다.

나는 사람들이 좋아하는 일에 집중하고 삶의 우선순위를 재조정해서 앞으로의 10년을 인생 최고의 날들로 보내도록 도와주는 일을 하고 있다. 그 과정에서 과도한 업무, 끝없는 경쟁, 남들의 평가, 부정적인 말 등으로 스스로 병을 초래하는 많은 이들을 봐왔다. 자신의 삶을 깊이 탐구하고 그 안에서 무한한 잠재력을 찾기보다는 유명 인사들의 삶과 광고, 소셜 미디어에 지나치게 몰두하며 살고, 작은 상자 같은 공간에 갇혀 일상을 몽유병 환자처럼 무감각하게 지내는 이들이 많다.

그래서일까. 느림의 혁명을 이야기하고, 단순하면서 의미 있는 삶을 갈망하는 목소리들이 커지고 있다. 아름다움이 있는 삶, 자연과 함께하고, 일상의 행복한 에너지를 조율하고, 우리에게 진정 중요한 것을 만들어가는 삶에 대한 말들. 지치고 우울한 사람들이 많이 찾아올수록 나는 이 문제에 대한 새로운 접근과 우리의 삶을 생기 넘치게 해줄 유용한 방법들이 더욱 절실하다고 생각했다. 나는 와비사비의 개념이 이런 삶의 태도와 관련이 있다고 생각했다. 그래서 와비사비의 숨겨진 의미를 찾아보기로 했다.

와비사비를 찾아서

와비사비를 딱 부러지게 정의하기란 어렵다. 그런 면에서 보면 사랑과 비슷하다. 직접 느껴봐야만 비로소 그것이 무엇인지 알게 된다는 점에서 그렇다. 와비사비를 주제로 대화를 시작하면 예외 없이 이렇게 대화가 시작되곤 한다.

"와비사비? 흠…… 설명하기 아주 어려운데."

사실 사람들은 그 개념을 굳이 정확히 설명하려 하지 않으며 그래야 할 필요도 느끼지 못한다. 하지만 나는 계속해서 노력했다. 와비사비의 의미를 탐구하기 위해 기다리고 지켜보고 귀 기울였다. 너무도 익숙해서 그 개념을 말하려 하지 않는 사람들과 대화를 나누면 나눌수록 나의 관심은 더욱 커졌다. 그중에는 은유적으로 말하는 이도 있었고, 손짓으로 설명하는 이도 있었으며, 고개를 갸웃거리는 이도 있었다. 가슴에 손을 가만히 모으는 이도 있었고, 오랫동안 침묵하던 이도 있었으며, 다도나 선 사상, 자연 같은 것들을 언급하는 이도 있었다.

사실 '와비사비'를 보편적으로 정의한 말은 없다. 기껏해야 그 개념을 설명하려는 사람의 주관적인 관점만 있을 뿐이다.

이 책에서 나는 일본학자이자 인생 코치라는 직업인으로서의 관점을 가지고 와비사비를 이야기할 것이다. 와비사비에서 일상생활에 사용할 수 있는 삶의 원칙들을 얻기 위해 각계각층의 많은 사람들과 대화를 나눴고, 오래된 도서관에서 책들에 푹 파묻혀 지내기도 했으며, 박물관을 찾아가고, 고즈넉한 사찰에서 명상도 하고, 자연에서 많은 시간을 보내기도 하고, 수백 년 전 지어진 오래된 건축물들 사이를 거닐기도 했다. 그렇게 수백 명과의 대화와 방대한 연구 끝에 모든 이에게 귀중한 지침이 될 원칙들을 정리할 수 있었다. 이 책에 바로 그 원칙들을 담았다.

와비사비가 우리에게 주는 것

와비사비를 겹겹이 둘러싼 신비들. 이를 천천히 벗겨내면서 문득 깨달았다.

'와비사비의 진정한 아름다움은 사물에 있는 것이 아니라 생명 그 자체에 있다는 사실을.'

와비사비는 마음의 상태다. 깊게 들이마시고 천천히 내뱉는 호흡이다. 진정한 감사의 깨달음을 느끼는 순간이다. 불완전한 세상에서 느끼는 완전한 순간이다. 기꺼이 소소한 것들을 알아차리고 거기에서 즐거움을 느낄 때 와비사비를 발견할 수 있다. 가장 진실하고 자신에게 충실한 삶을 살 때 우리는 와비사비를 느낄 수 있다.

와비사비는 옆으로 비켜서서 그것을 판단하기보다는 그 안에 진정으로 머물면서 경험하는 것이다. 감수성에 흔들리는 상태를 허용하고 천천히 집중하는 것이다.

와비사비는 완벽함에 대한 집착을 내려놓고 자신을 있는 그대로 받아들이라고 말한다. 그렇게 할 때 현대사회의 혼돈과 물질적 압박에서 벗어날 수 있고 작은 것에도 만족하게 된다. 또한 와비사비는 매일매일 아름다움을 찾으라고 말한다. 그렇게 할 때 사소한 것에 감동하고 살아 있음 그 자체에 감사할 수 있다.

함께 와비사비 속으로

와비사비의 깊고도 넓은 세계를 이해하려면 먼저 와비사비 정서 곳곳에 스민 짧은 역사적 사실을 알아야 한다. 와비사비는 머리가 아니라 가슴으로 보아야 한다. 이 책은 일본의 미학, 역사, 문화, 철학, 종교 등에 관한 상세한 담론집이 아니다. 하지만 이 모든 요소들은 일본인의 삶에 촘촘히 엮여 있다.

와비사비의 기원을 찾아 나가면서 그 특징들을 탐구하고, 그에 대해 생각하고 이야기하게 될 것이다. 그러고 나면 왜 와비사비의 지혜가 오늘날 우리들의 삶과 그토록 깊숙한 관련이 있는지 알게 될 것이다. 이 모든 내용은 1장에 담겨 있으므로 여러분도 1장부터 먼저 읽기를 권한다.

2장부터는 우리의 삶 모든 면면에 적용되는 와비사비 개념에 관한 사례와 조언, 영감을 주는 이야기들이 담겨 있다. 이 책을 차례대로 읽는 독자도 있을 것이고 지금 당장 관심사부터 여기저기 찾아서 읽는 독자도 있을 것이다. 물론 이 책을 읽는 완벽한 방법은 없다. 이 책을 읽는 방식은 독자 여러분의 선택에 달렸다.

이 책은 타지에서 호기심 많은 이방인으로 살아가는 내가 여러분에게 보내는 초대장이다. 이 책은 삶의 어떤 순간이든 그 속의 아름다움에서 위안을 얻고, 불필요한 모든 것들을 걷어내어 그 자리에 무엇이 있는지를 가만히 들여다볼 수 있는 지도가 되어줄 것이다.

내가 그린 지도는 인적 드문 길을 지나, 구불구불한 오솔길을 통과해, 늙은 나무들이 수문장처럼 있는 곳을 거쳐, 오래된 숲이나 구불거리는 강으로 그리고 깊디깊은 산으로 여러분을 인도할 것이다. 여러분 곁에 내가 있으니 든든하게 생각해도 좋다.

이따금 길섶의 찻집에 들러 잠시 마음을 고르며 쉬기도 하고, 모르는 이들과 만나기도 하고, 새로 사귄 친구들에게서 뜻밖의 지혜를 얻기도 할 것이다. 흥얼흥얼 노래가 나오는 순간도 있을 것이고 지루한 순간도 있을 것이다. 뜨거운 온천에 지친 몸을 담그며 잠시 쉬는 때도 있고 흩날리는 눈을 고요히 바라볼 때도 있을 것이다. 어떤 날은 해와 함께 일어나기도 할 것이고 어떤 날은 별 아래서 잠이 들기도 할 것이다.

이 여정에서 여러분은 익숙하고도 낯선, 오래되고도 새로운 무언가를 조우할 것이다. 지금까지 여러분이 믿어온 신념이 흔들릴 수도 있다. 그 모든 길에 여러분 곁에 함께 있겠다. 눈을 크게 뜨고 앞으로 다가올 모든 신비를 껴안기 바란다.

자, 그럼 천천히 느린 여행을 떠나보자. 멀고도 깊은 여행을.

2018년 교토에서

베스 켐프턴

1장.
와비사비란 무엇인가

덜해야 더 충만하다.
덜 서둘러야 더 편하다.

덜 복잡해야 더 명료하다.
덜 판단해야 더 용서하게 된다.
덜 버텨야 더 건강하다.

머리는 덜 쓰고 가슴은
더 열어야 한다.

일본에서 평생을 보낸다 하더라도 누군가 입 밖으로 와비사비라는 단어를 크게 말하는 것을 듣지 못할 수도 있다. 사전을 펼쳐봐도 와비사비라는 단어를 찾을 수 없다. '와비'라는 단어와 '사비'라는 단어에 대한 설명은 길게 나와 있지만, 두 단어를 합한 '와비사비'는 없다. 와비사비는 문자가 아니라 사람들의 가슴과 마음에 산다.

일본인에게 와비사비에 대해 설명해달라고 하면, 아마 대다수는 그 의미를 알아도 정확한 단어로 설명하지 못해 전전긍긍할 것이다. 그렇다고 그들이 그 단어를 이해하지 못한다는 의미는 아니다. 와비사비는 직관적 이해이며 사고방식이자 삶의 태도다. 천편일률적인 기계적 학습이 아니라 경험을 통해 와비사비를 터득한다. 논리적이고 합리적인 사고방식을 추구하는 사람에게 이 개념은 머리에 선명하게 그려지지 않을 수도 있다. 그래서 차근차근, 아주 기초적인 것부터 그 개념을 알고 싶어 할지도 모른다. 하지만 구체적이고 완벽한 설명은 와비사비의 방식이 아니다. 와비사비의 지혜를 진정으로 이해하려면, 우리의 언어에서 진정한 메시지는 말하지 않은 '행간'에 있는 경우가 많다는 사실을 알아야 한다.

와비사비는 '侘寂' 혹은 '侘び寂び'라고 쓰며 별개의 두 단어가 합쳐진 것이다. 두 단어 모두 미적인 가치관을 담고 있으며 문학과 문화, 종교에 그 뿌리를 두고 있다. 먼저 와비侘는 단순함에서 아름다움을 찾는 것이자 물질적인 세상에서 초연히 떨어져 정신적 풍족함과 고요함을 누리는 것이다. 사비寂는 시간의 흐름과 관련이 있다. 모든 것이 자라고 시드는 방식이자, 세월이 흐르면서 그 외형이 변하는 모습이다.

그리고 이 두 개의 단어가 결합하여 와비사비가 되었을 때 그 의미는 더욱 확장되고 매혹적으로 바뀐다.

와비사비의 시작

16세기 중반의 세상을 상상해보라. 배를 타고 바다로 나아가 위대한 탐험을 하는 유럽인들의 시대, 스페인과 포르투갈이 전 세계 무역 경로를 활짝 열었던 그 시대를. 식민주의와 상업주의가 팽배했고, 많은 국가들이 금과 은을 어떻게든 많이 확보하기 위해 국가적인 경제정

책을 만들던 때였다.

레오나르도 다빈치의 모나리자 그림에 물감이 마르기도 전이었고, 미켈란젤로의 다비드 조각상은 세기가 바뀌도록 몇십 년 동안 대리석 덩어리에서 완전히 그 모습을 드러내지 않았다. 영국의 셰익스피어는 그의 최후의 걸작을 쓰고 있었다.

중국은 명나라 왕조가 번영했고 서양보다 기술이 더 앞서 있었다. 교양 있는 사회였던 명나라에서는 관직에 있던 사람들의 시 짓기와 서예가 적극적으로 독려되었다.

중세 후반 일본은 전쟁과 파괴의 시기를 보내고 있었다. 기근과 화재 같은 자연재해가 온 나라를 괴롭혔고, 국민들은 높은 세금과 가난에 시달렸다. 사회는 분열되어 많은 이들이 불교에서 위안을 얻었는데 이때 불교에서 받은 영향이 오늘날 일본인들의 삶에 중요한 영향을 미쳤다.

천황이 존재하고, 사법제도도 있었지만 실질적인 권력은 군 통솔자인 쇼군에게 있었다. 일본을 다스리는 세력은 각 지역의 권력자인 다이묘였다. 다이묘는 자신이 다스리는 영지에 성을 지어 세력을 과시했고, 주변 마을에 사무라이를 배치해 성을 지켰다.

계급이 높았던 사무라이는 교육 수준이 높은 무사들이었는데, 영주인 다이묘에게 극단적으로 충성하고 헌신한 것으로 유명하다. 당시 사무라이들 사이에선 규율과 명상을 강조하던 선불교가 매우 인기 있었다. 큰 사찰들이 많은 교토는 가레산스이(물이나 나무를 사용하지 않고 돌과 모래 등으로 산수의 풍경을 표현한 일본식 정원—옮긴이)의 고향으로 당시 많은 사찰들에서는 자연의 본질을 성찰하고 이를 깊이 응시할 것을 권했다.

사무라이들은 특히 다도에 관심이 많았다. 차의 각성 효과로 오래 깨어 있을 수 있기 때문에 신체적인 기운을 얻을 수 있었고, 늘 폭력에 지친 삶이었기에 평화와 조화의 순간에 몰입해 영적인 기운을 분돋울 수 있었다. 또한 항상 죽을 준비가 되어 있었기에 언젠가 덧없이 사라질지라도 순간의 아름다움을 감상할 기회가 생기면 기꺼이 즐겼다.

당시 일본에서는 주요 도시들이 성장하고 있었고 상인 계층이 급부상하기 시작했다. 이들 상인 계층은 한 달에 한 번 월급을 받는 사무라이에게 돈을 빌려주고 이자를 받아 부를 축적했다. 이 산업은 법의 테두리에 아슬아슬하게 걸쳐 있었기에 고리대금업자들은 언제든 재산을 몰수당할 위험을 감수하며 살아야 했다. 다시 말해 돈이 있을 때 충분히 즐길 동기가 넘쳤다는 의미다.

결과적으로 평범한 다수의 사람들은 매우 빈곤하게 살았지만 지배 계급과 상인 계급은 흥청망청 부를 누리게 되었다. 부유한 계층에서는 사치스러운 모임이 매우 인기를 끌었는데, 그중에서도 특히 다도의 인기가 높았다. 권력이 있는 사람들은 중국의 차 도구와 찻잔, 찻주전자 등을 몹시 좋아했고, 중국에서 들여온 차 도구를 가지고 있는 것이 부의 상징처럼 되어갔다. 통찰력 있는 사람이라면 일본의 다도가 영적인 경험인 동시에 차 도구를 모아 부를 과시하는 수단이라는, 모순된 개념을 모두 품고 있다는 사실을 눈치챘을 것이다.

그렇다면, 일단 차의 역사부터 간략하게 살펴보도록 하자.

다도

와비라는 단어의 기원을 더듬어 올라가다 보면 필연적으로 다도 문화를 만나게 된다. 가루 형태의 녹차인 말차는 1191년이 되어서야 일본의 다도 문화에 등장했다. 말차는 중국 송나라를 다녀온 일본 승려 에이사이가 들여왔다. 에이사이는 선불교 내 린자이 학파를 창시한 인물이다. 그는 차 씨앗을 교토 근처 우지를 포함한 세 곳에 나눠 뿌렸는데, 훗날 우지는 세계적인 수준의 차 재배지가 되었다. 이 시기 선불교와 차는 급속하게 확산되었다.

15세기까지 거슬러 올라가면 승려이자 다도 장인 무라타 슈코가 있다. 그는 차를 준비하고 마시는 행위를 통해 선불교의 교리를 성찰할 수 있다는 사실을 깨달았다. 그는 오늘날까지도 다도 문화에서 매우 중요한 인물로 평가된다. 이후 쇼군 아시카가 요시마사가 슈코의 다도를 계승했다. 오카쿠라 가쿠조는 산문집 『차 이야기』에서 다도의 숭배는 "일상에 존재하는 더러운 현실들 가운데 아름다운 것을 숭배하는…… 미학적 종교"가 되었다고 언급했다.

이 단순한 미학은 다케노 조에 의해 한층 더 발전했다. 다케노 조는 무라타 슈코의 두 제자 중 한 사람으로 16세기 초반 인물이다. 시인이었던 그는 차의 개념을 시로 표현했다. 그는 차 마시는 공간을 자연의 요소들이 있는 공간으로 바꾸었다. 이는 훗날 사업가이자 도요토미 히데요시의 차 스승이었던 센리큐에게 중대한 영향을 미치게 된다. 센리큐는 당시 차의 아버지로 이름을 떨치고 있었다.

단순함의 미학

16세기 후반, 차를 마시는 의식은 중요한 사교 활동이 되었고 부를 과시하는 수단이 되었다. 도요토미 히데요시는 온통 금으로 치장한 사치스러운 황금 다실을 만들고 중국에서 들여온 호화로운 다구들을 다실에 두었다. 당시 그의 차 스승이었던 센리큐는 조용한 혁명을 시작하고 있었다. 그는 다실의 물리적인 공간을 줄여 다도의 근본적인 정서를 확립하기 시작했고 불필요한 모든 것은 다 걷어내고 본질적으로 반드시 필요한 것만 남겨두었다. 그러고 나니 차를 마시는 공간, 바라볼 자연, 찻주전자와 기본적인 도구들, 차를 마실 시간만 남게 되었다.

센리큐가 만든 3제곱미터가 조금 넘는 크기의 다실은 기존 다실의 절반 크기였다. 창문도 작게 만들어 들어오는 빛의 양을 최소화해서 차를 마시는 사람이 오로지 차를 마실 때의 감각적 경험에만 집중하도록 했다. 차를 내는 사람과 손님은 상대의 숨소리가 들릴 정도로 가까이 앉았다.

센리큐는 값비싼 청자 도자기 대신 대나무 화병을 두었고, 호사스러운 중국 다완 대신 구식 다완*을 사용했다. 상아로 된 차 수저 대신 대나무로 된 수저를 사용했고, 사치스러운 청동 물동이가 있던 자리에는 소박한 우물 바가지를 두었다.

센리큐는 차 마시는 의식을 시작할 때 모든 차 도구들을 꺼냈다가, 마시고 난 뒤에는 모두 넣어두는 관습도 만들었다. 그래서 늘 다실은 청결하고 단순했으며, 손님들은 차를 만드는 행위에 집중할 수 있었다. 신중하게 골라서 둔 그 계절 꽃의 자연스러운 아름다움을 오롯이 감상할 수 있었고, 방에 붙은 서예 문구를 음미할 수 있었다. 이 모든 것은 경험, 특히 바로 그 순간을 공유하기 위한 것이었다.

센리큐는 단번에 차 문화를 부가 아닌 단순함을 숭배하는 문화로 바꾸어놓았다. 히데요시의 사치스러운 선택과는 극명하게 대조되는 문화였다. 이는 과감하고도 급진적인 개혁이었으며 많은 이들이 이런 그의 시도를 매우 바람직하다고 평가한다. 센리큐는 지배 계급의

---

* 센리큐는 기와공 조지로長次郎에게 이 다완을 만들게 했다. 이것이 라쿠 다완樂茶碗의 시작이며 조지로는 라쿠 다완의 창시자가 되었다. 라쿠 다완은 화려함을 배격하고 단순하고 소박한 분위기를 강조하는 특징을 가진다.

호화롭고 넘치는 문화에 맞서 다도의 미학을 기본으로 되돌려놓았다. 단순하며, 생명의 본질 그 자체를 성찰하는 미적 아름다움이 있는 문화로 말이다.

센리큐가 다도를 창시한 것은 아니지만 그는 남은 생을 단순함과 자연의 아름다움을 추구하는 철학에 헌신했고, 이는 오늘날 일본 문화에 지대한 영향을 미쳤다. 센리큐의 차가 '와비 차'로 알려지게 된 것도 그 때문이다.

와비란 무엇인가

'와비'라는 단어는 '侘' 혹은 '侘び'라고 쓰며 '차분한 정취'라는 의미다. 본래 이 말의 뜻은 빈곤함, 불충분함, 쓸쓸함을 의미하는 '와비루 侘びる(한탄하다, 슬퍼하다)'에서 왔다.* 형용사는 '와비시侘びしい(쓸쓸한, 고독한, 빈약한)'다.** 모두 센리큐 시대 이전에 수백 년 동안 일본 문

*   이따금 '사과하다'라는 의미의 동사 '와비루詫びる'가 와비의 정서와 관련된 논의에서 언급되기도 한다. 하지만 어원적 연관성을 입증하는 믿을 만한 출처는 없다.

**   고지엔 사전에 '와비시'는 '기운이 빠지는 느낌', '슬픈 기분 혹은 걱정스러운 기분'이라고 설명되어 있지만, 일본 사람들은 '와비시'라는 단어를 '비참한', '외로운', '가난한' 등의 의미로 더 많이 사용한다.

학에 사용되던 표현이었다.

미학적 관점에서 보면 와비의 아름다움은 어두운 분위기에 있다. 와비는 거칠고 가혹한 현실 속 생명의 아름다움을 귀하게 여긴다. 700년 전 요시다 겐코 스님은 이런 글을 썼다.

오로지 봄날의 만개한 꽃만 보아야 하는가?
구름 한 점 없이 청명한 날에만 달을 보아야 하는가?

아름다움은 즐겁고, 요란하고, 명징한 것들의 증거만은 아니다. 와비는 일상적인 분위기 너머에 있는 고요함이다. 현실을 있는 그대로 받아들이는 자세이며 그로 인해 얻어지는 지혜다. 와비는 어떤 상황에서도 현실을 깨닫게 해주며, 그 현실 어딘가에 숨겨진 아름다움을 깨닫게 해준다.

와비는 단순함에서 발견한 아름다움을 깨달아 생긴 정서라고도 말할 수 있다. 온통 물질적인 세상으로부터 멀리 떨어져서 발견하는 조용한 만족감이다. 세월이 흐르면서 입맛도 변하고 장식이 더해진 차 도구들도 많이 생겼지만 와비의 정서는 오늘날 다도 철학의 일부로 남아 있다.

궁극적으로 와비는 겸손함과 단순함, 검소함을 이해하고 평온함과 만족감으로 나아가려는 사고방식이자 태도다. 와비의 정서는 우리에게 진정 필요한 것이 단순함이라는 사실을 깨닫는 태도이자, 지금 우리가 있는 곳에 이미 존재하는 아름다움을 귀하게 여기고 겸손해하는 사고방식이다.

사비란 무엇인가

'사비'라는 단어는 '寂' 혹은 '寂び'라고 쓰며 '고색창연함, 오래된 모습, 우아한 단순함'이라는 의미다. 한자는 '고요할 적'이다. 사비의 형용사인 사비시寂しい는 '쓸쓸한, 외로운, 적적한'의 의미다. 사비의 본질은 마쓰오 바쇼의 하이쿠(5·7·5의 17음으로 이루어지는 일본 고유의 짧은 시―옮긴이)에 잘 배어 있다. 마쓰오 바쇼는 17세기 문인으로 그의 시에 담긴 아름다움은 지금도 널리 사랑받고 있다.

'사비루錆びる'라는 동사도 존재한다. 한자는 다르지만 음은 같다. '녹슬다, 썩다, 늙어가다, 다른 풍미가 더해지다' 등의 의미다.

세월이 흐르면서 '사비'라는 단어는 시간의 흐름에 따라 드러나는 깊고 고요한 아름다움을 표현하기 위해 사용되었다. 시각적으로 보면 오래되어 고색창연해지고, 퇴색하고, 낡고, 바랜 것이라고 할 수 있다.

사비는 소중하게 정성껏 매만진 사물에서 드러난다. 하지만 이는 인간의 손길이 아닌 시간이 만든 것이다. 사비는 세월이 흐르면서 정제되는 우아한 아름다움이다. 사용하고 낡아가는 과정에서 드러나는 아름다움이다. 예를 들면 어느 농가 주택에 놓인, 애정 어린 손길로 매만져 은은하게 닳은 낡은 식탁의 나뭇결이다.

작가 다니자키 준이치로는『그늘에 대하여』에서 사비에서 어떻게 아름다움을 찾는가에 관해 이런 말을 했다.

반짝이는 것들을 다 싫어하는 것은 아니지만, 얄팍한 광채보다는 처연하고 은은한 광택을 선호한다. 돌이든 사람이 만든 물건이든 오래된 세월의 광채를 드러낸 흐릿한 빛…… 우리는 손때나 검은 얼룩이나 비바람의 흔적이 묻어 있는 것들과 그것이 생각나는 색조나 광택을 사랑한다.

사비는 시간의 흐름이 물리적으로 사물에 배어 있는 방식과 관련이 있다. 하지만 그 의미를 더 깊이 헤아려보면 우리가 보는 사물의 표면 아래 숨겨진 것을 보는 방식이기도 하다. 사비는 모든 것들이 성장하고 사멸하는 방식을 나타내며, 이러한 생명의 덧없음을 성찰할 때 문득 마음 한구석에 옅은 슬픔을 만들어내기도 한다.

사비의 아름다움은 과거와 연결되어 있는 우리 자신, 순환하는 생명, 죽음 같은 비애감을 느끼게 한다.

와비사비의 탄생

사비의 아름다움을 인식하는 것이 와비의 핵심이며, 둘은 수세대에 걸쳐 나란히 사용되었다. 와비사비가 주는 교훈을 더듬어보려면 몇 세기를 거슬러 올라가야 하지만, 두 단어가 합쳐진 와비사비라는 용어가 하나의 개념으로 인식된 것은 불과 100여 년 전이며, 이 단어는 '일본인들의 철학의 근간을 이해하고자 하는 노력의 결과'다. 사람들이 항상 알고 있던 그 무엇에 붙여줄 이름이 필요했던 것이다.

와비사비는 사람들 의식의 가장자리와 가슴속 가장 깊은 곳에 동시에 존재한다. 지금은 70대에 접어든 나의 친구 세쓰코에게 와비사비에 대해 물었을 때 세쓰코는 살면서 그 단어를 입 밖에 낸 적은 한 번도 없다고 대답했다. 하지만 이미 와비사비는 그녀의 일부였고, 그것이 자신에게 어떤 의미인지도 정확히 알고 있었다.

와비사비는 어떤 물건 혹은 환경이 지닌 아름다움을 초월하는 것이자, 그 깊은 아름다움에 대한 반응이다. 와비사비는 오직 느낄 뿐, 만질 수 없다. 사람마다 세상을 다르게 경험하기 때문에 한 사람의 와비사비가 다른 사람의 와비사비와 같지 않을 수도 있다. 우리는 진정한 아름다움의 본질을 접할 때 와비사비를 느낀다. 소박한 자연의 아름다움에서 이런 느낌을 많이 받는다.

영어에서 와비사비와 가장 가까운 단어를 찾자면 '아름다움에 사로잡히다aesthetic arrest' 정도가 될 것이다. 소설가 제임스 조이스는

『젊은 예술가의 초상』에서 이렇게 썼다.

아름다움의 가장 우월한 특질, 미적 이미지의 명료한 빛이 그 완전성
에 완전히 사로잡히고, 아름다움의 조화에 매료된 마음이 또렷하게
포착되는 순간은 미적 쾌감을 느끼는 침묵의 눈부신 정지 상태이며,
이탈리아 생리학자 루이지 갈바니가…… 심장의 황홀경이라 부른 그
런 상태이기도 해.

비록 제임스 조이스의 표현이 물리적인 반응에 관한 이야기로서
와비사비 철학의 더 깊은 부분을 언급한 것은 아니지만, 생명의 본질
과 관련된 표현이라는 점에서 유사하다.

와비사비 철학

와비사비라는 단어를 형용사라고 생각한 사람도 있을 것이다. '비루
한 찻잔'이나 '낡은 의자'처럼 '와비사비스러운 그릇'같이 사용한다
고 생각한 사람도 있을 것이다. 서양에서 이 단어는 특정한 자연 상
태와 불완전한 외관을 설명하는 용어로 사용되고 있다. 하지만 일본
사람들은 와비사비라는 단어를 그런 식으로 사용하지 않는다. '와비
사비 분위기가 있다'라든지 '와비사비 느낌을 준다'라는 표현을 사용

하는 사람도 있겠지만, 와비사비라는 표현 그 자체는, 사물의 외양을 설명하기 위해 사용되지 않는다. 와비사비는 어떤 아름다움과 조우한 후에 남겨진 느낌을 말하며 시각적일 때도 있지만 경험적일 때도 있다.

한 교수는 오래된 사찰의 경내에서 이끼를 바라보다 와비사비의 순간을 느꼈다고 말했다. 택시운전사이자 색소폰 연주자인 어떤 사람은 블루스를 연주하면서 와비사비를 느낀다고 말했다. 다도에서 와비사비를 경험했다고 말하는 이들도 있었다. 우리는 모두 다른 순간을 살기에 사람마다 와비사비를 느끼는 순간도 모두 다르다. 하지만 그런 감정을 느끼는 그 순간, 만물의 무상함과 불완전함을 되새기게 되고, 그 사실을 인지하는 순간 비로소 와비사비가 머문다.

단어의 의미는 다른 언어로 옮겨지는 순간 변하는 경우가 많기 때문에 만약 '와비사비'라는 말을 형용사로 사용해왔다면, 그리고 그렇게 사용하는 것이 삶을 소중히 여기는 데 도움이 된다면, 개념이 무엇인지는 그리 중요하지는 않다. 이 책의 핵심은 의미론에 매몰되기보다 와비사비를 통해 삶의 지혜를 얻고, 그 철학을 천천히 알아가고, 더 나은 삶을 살 수 있도록 관점을 변화시키는 것이다.

사실, 와비사비라는 개념을 활용해 우리가 사는 집을 단순하고 자연스럽고 아름답게 꾸밀 수는 없다. 이 부분은 2장에서 보다 상세하게 알아볼 것이다. 와비사비를 단순히 라이프스타일이나 유행하는 디자인쯤으로 분류한다면, 세상을 깊고 직관적으로 경험할 진정한 기회를 잃어버릴 것이다.

보이는 것은 전부가 아니다. 모든 것이 맥락에 따라 달라지며, 말로 꺼내지 않은 부분이 무엇인가에 따라서도 달라진다. 만약 '불완전함'의 주된 내용이 '불충분함'이라면, 이 책을 통해 내가 하는 일은 풍부한 정보를 주는 것이지만 충분히 채워지지 않은 미완의 와비사비는 여러분만의 관점으로 그 여백을 채울 수 있다.

와비사비로 세상 바라보기

와비사비는 생명의 덧없음을 일깨워주는 아름다움과도 관련이 있다. 이 정서는 부처가 말한 존재의 세 가지 특징인 '무상無常(만물이 한 순간도 같은 상태로 머물지 않음)', '고苦(고통)', '공空(인간을 포함한 만물에 고정 불변하는 실체가 없음)'에서 비롯된다.

와비사비는 우리에게 삶의 지혜를 들려줄 수 있으며, 우리는 앞으로 다음 개념들을 살펴볼 것이다.

- 마음으로 세상을 보고 경험할 때 세상은 전혀 다르게 보인다.
- 생명 그 자체를 포함한 만물은 영속적이지 않으며, 불충분하고 불완전하다. 그러므로 완전함은 불가능하고 불완전함이야말로 인간을 포함한 모든 만물의 본질적 상태다.

• 단순함에는 크나큰 아름다움과 귀중한 가치, 편안함이 깃들어 있다.

와비사비가 만병통치약은 아니다. 다만 와비사비는 고요함과 단순함, 아름다움을 일깨워주어 우리가 모든 순간에 충만히 깃들도록 도와주며 우리에게 지혜를 준다.

지금 여기, 와비사비

우리는 온갖 정보가 난무하는 시대에 살고 있다. 아침에 일어나서 밤에 지친 걸음으로 침대에 갈 때까지, 어떻게 보여야 하고, 무엇을 입고 먹고 사야 하는지, 또 얼마를 벌어야 하고, 누구를 사랑해야 하며, 자녀를 어떻게 양육해야 하는지 이야기하는 무수한 메시지들에 짓눌려 산다. 많은 사람들이 자신의 삶에 투자하기보다는 다른 사람의 삶과 나의 삶을 비교하는 데 많은 시간을 보낸다. 해야 하는 역할의 무게까지 더해져 많은 이들이 주눅 들고, 불안해하고, 중심을 잡지 못하고 결국 지쳐버린다.

여기서 끝이 아니다. 집이나 상점, 사무실, 전화기, 노트북까지 우리 주위에는 온통 눈부신 인공 빛들이 가득하다. 다들 생산성에 사로잡혀 과잉 자극을 받고 있다. 우리의 신경 체계와 편히 잠들 수 있는 시간은 황폐화되고 있다. 속도와 효율성을 위해 우리 삶에서 차분한 그늘과 풍부한 질감을 추방했고 그 대가를 치르고 있다. 우리의 눈과 가슴은 지쳤다.

소셜 미디어는 우리를 비교 중독자이자 평가광으로 만들었다. 사진 찍고, 포스팅하고, 잘 알지도 못하는 타인들에게 얼마나 인정받았는지 몇 시간씩 확인하고 매달리느라 삶의 가장 아름다운 순간들은 단절되고 사라진다. 조금이라도 시간이 있으면 휴대폰을 꺼내 타인의 세련된 삶과 허세를 질투 어린 마음으로 스크롤하면서 그들의 삶이 정말 사진과 똑같을 것이라는 착각에 빠진다. 이렇게 흘려보내는 매 순간, 우리는 삶 도처에 있는 아름다움들을 만날 기회를 놓치고 만다. 몸이 따라갈 수 없는 곳으로 마음이 가버렸기 때문이다.

많은 이들이 타인의 시선에 골몰한다. 앉아서 일을 할 때도 머릿속은 온통 아직 일어나지 않은 일들에 대한 걱정뿐이다. 우리는 자기 자신의 한계에 대해 이야기한다. 한계점을 측정하는 지점은 과소평가되고 추락하는 지점은 과대평가된다.

감히 꿈을 따라가는 상상을 할 때면 성공한 이들의 대단한 모습들이 떠오르면서 과연 우리를 위한 자리가 남아 있기는 한 건지 궁금해지기 시작한다. 그저 누군가와 자기 자신을 비교했다는 이유만으로 부서진 수많은 꿈들이 세상에 흩어진다. 그리곤 생각한다. '난 아직 멀었어.' 이 자신감의 위기가 맞는 결말은 기껏해야 관성에 빠지는 것이다.

그중 누군가가 소문을 내기 시작한다. 행복은 물건, 돈, 권력, 지위를 잔뜩 쌓았을 때 그 속에 있는 거라고. 젊고 예쁘고 날씬할 때 행복한 거라고. 하지만 다른 사람의 잣대로 우리 삶을 재다 보면 '해야 하는 것'의 폭정이 시작된다. 성취해야 하는 일, 해야 하는 일들의 어마어마한 압박에 짓눌리게 된다. 현재 무엇을 소유했건, 어떤 사람이건 충분하지 않다. 혹은 충분하지 않다고 믿는다.

진짜 아이러니는 우리가 외적으로 맹렬히 추구하는 것은 내적으로 간절히 바라는 것과 매우 다르다는 사실이다. 이제 우리는 잠시 멈춰서서 주위를 둘러보고, 진정으로 중요한 것이 무엇인지를 결정해야 한다. 이런 시대에 필요한 것이 와비사비다.

삶 속에 와비사비를

우리에게 당장 필요한 것은 세상을 보는 새로운 방식과 그 세상 속 우리의 공간이다. 삶의 어려운 숙제를 풀기 위한 새로운 접근 방식이 필요하다. 진정으로 중요한 것을 결정할 수 있는 삶의 틀이 필요하다. 그래야 가져도 가져도 끝없이 갈망하는 상태를 벗어날 수 있다. 좀 더 천천히 가는 길을 찾아야 한다. 그래야 삶도 우리 곁을 황급하게 스쳐 지나가지 않는다. 우리 정신을 맑게 해주고 늘 깨어 있게 하는 아름다움에 눈을 떠야 한다. 이런저런 평가와 완벽을 향한 끝없는 욕심은 이제 그만 내려놓으라고 스스로를 다독여야 한다. 자기 자신과 상대방을 바라보면서, 있는 그대로의 모습에서 완벽하게 불완전한Perfectly Imperfect* 보물을 응시해야 한다.

우리에게 간절히 필요한 이 모든 것들이 와비사비 철학에 담겨 있다. 와비사비 철학은 단순히 문제를 피상적으로 해결해주는 것이 아니다. 삶을 바라보는 방식을 근본적으로 변화시켜준다. 와비사비는 우리에게 모자라도 만족하는 법을 알려준다.

와비사비는 고요함, 조화, 아름다움, 불완전함 등 귀중한 지혜의 보고다. 불완전함을 수용한다고 해서 삶의 수준이 낮아지거나 질이 떨어지게 되는 것은 아니다. 다른 모든 사람들과 마찬가지로 나 역시 완벽하게 불완전한, 독창적인 존재다.

간단히 말하면, 와비사비는 나 자신을 인정하는 것이다. 와비사비는 최선을 다하라고 용기를 준다. 하지만 성취할 수 없는 완벽한 목표를 추구하느라 몸과 마음을 아프게 하지는 않는다. 반드시 해야 한다고 여겼던 것들을 내려놓는다고 해서 할 수 있는 것을 포기하는 것

---

* 우리는 끊임없이 완벽함을 추구하지만 삶은 결코 완벽하지 않다. 와비사비는 삶의 본질이 불완전함에 있다고 말한다. 그렇기에 불완전함은 역설적으로 우리의 가장 완벽한 모습이다. 불가능한 완벽주의를 내려놓고 불완전한 나를 인정하며 바로 지금의 나를 사랑하는 것은 와비사비의 중요한 메시지다. 이 책에서는 앞으로 와비사비를 이야기하면서 '완벽하게 불완전한'이라는 개념을 종종 사용할 것이다.

은 아니다. 와비사비는 편하고 느긋하게 삶을 즐길 수 있도록 부드럽게 우리를 다독인다. 아름다움은 가장 있을 법하지 않은 곳에서 찾을 수 있다는 것을 알려주며, 일상을 기쁘게 해주는 문턱을 만들어준다.

2장.
단순하고 아름답게

천 개의 다다미 돗자리가 방에 있어도
잘 때 펼 돗자리는 한 장이다.

–일본 속담

일본은 국토의 80퍼센트가 산과 숲, 들판, 농경지다. 도심에 사람들이 몰리는 것도 당연하다. 도쿄 인구만 해도 1,300만 명이 넘는다. 1제곱 킬로미터 안에 6,000명 이상의 사람들이 사는 셈이다. 그래서 일본인들은 작은 건축물과 디자인을 만드는 데 통달했다.

개인 공간이 제한되고 온갖 잡동사니가 공간을 무질서하게 차지하는 요즘, 다른 여러 나라 사람들이 그러하듯 일본인들도 이 문제로 힘들어하고 있다. 어쩌면 일본인들이 정리와 수납을 잘하는 것도, 번화가마다 있는 무지MUJI 상점이 사랑받는 것도, 정리 전문가 곤도 마리에가 유명한 것도 그런 이유 때문일지 모른다. 하지만 대다수 일본인이 물건 하나 없는 집에서 살고 있을 거라는 착각은 버리길 바란다. 그렇지 않을 뿐 아니라 그것이 좋은 것도 아니다. 미니멀리즘이 많은 분야에 영향을 미치고는 있지만, 미니멀리즘 또한 또 다른 형태의 완벽함이 될 수 있다. 자신을 자책하게 만드는 또 하나의 요소가 될 수 있다는 말이다.

어쩌면 여러분도 나와 같은 사람인지 모른다. 미니멀리즘을 좋아하고 완벽하게 깔끔한 집을 꿈꾸지만 미니멀리즘의 엄격한 규율은 어쩐지 잘 맞지 않는다. 여러 이유들이 있을지 모른다. 아이들, 반려동물들, 바쁜 라이프스타일, 앤티크 주전자에 대한 집착, 어지간한 동네 도서관보다 많은 책들……. 어쩌면 세를 살고 있어서 생활 공간을 바꾸는 데 제약이 있을 수도 있다. 혹은 아늑한 집을 꾸미기에는 예산이 너무 빠듯하다고 생각하는 사람도 있을 것이다. 이 중 여러분 생각과 비슷하다고 느끼는 점이 있다면, '마음이 담긴 단순함'이 답이다.

나에게 '마음이 담긴 단순함'이란 집을 강박적으로 미니멀하게 꾸미거나 물건을 비우기 위해 피곤할 정도로 노력하지 않고도 잡동사니를 정리해서 사랑스러운 공간으로 만드는 것을 의미한다. 이는 공간을 정돈하고 자신을 위한 곳으로 만드는 일이며, 집을 아늑하고 아름다우면서도 여전히 사람 사는 느낌을 물씬 주는 곳으로 만드는 과정이다.

사는 곳은 살아가는 방식과 같다

우리가 사는 공간은 살아가는 방식, 우리가 일상을 느끼는 방식에 영향을 미친다. 다르게 살고 싶다면 환경과 주거 공간의 사소한 것들을 바꿔야 중요한 변화를 줄 수 있다. 집은 안식처이자, 가족이 모이는 곳이며, 사랑과 웃음이 쌓이는 곳이자, 유대감과 휴식이 있는 곳이다. 우리 이야기가 만들어지는 곳이고, 일상의 경험을 확장시켜줄 잠재성이 있는 곳이다.

'마음이 담긴 단순함'의 미덕은 집의 크기나 예산에 상관없이 어떤 주거지도 아름다운 공간으로 만들 수 있다는 점이다. 인테리어 잡지에 소개된 집들을 넋 놓고 보거나, 인스타그램을 몇 시간씩 들여다보지만 우리 집과 같지 않다고 생각하는 이들에게는 위안이 될지도 모르겠다. 집은 생활하는 공간이다. 생활은 완벽하게 깨끗하게 이루어지지 않는다. 좋은 소식은 혼돈의 생활을 아주 약간만 수정하면 꽤 많은 변화를 줄 수 있다는 점이다. 많은 이들이 이미 이런 방식으로 아늑한 공간을 만들고 있다. 약간의 시간과 노력만 있으면 우리 집도 정말 중요한 것만 남겨둔 안식처가 될 수 있다.

차를 마시는 전통적 공간, 다실은 와비사비의 전형이다. 다실에서 우리는 깨끗하고 단순하며 불필요한 것이 없는 공간을 상상할 수 있다. 이런 공간을 만들려면 무엇을 남길지, 무엇을 버릴지, 무엇을 보여줄지, 무엇을 보관할지, 무엇을 고칠지, 무엇을 소중히 간직할지를 정해야 한다.

완벽한 시간이 올 때를 기다릴 필요는 없다. 집을 단장할 돈이 생기기를, 자녀가 집을 떠날 시기가 오기를, 혹은 서랍과 그릇 수납장을 정리할 시간이 생기기를 기다리지 않아도 된다. 그저 오늘, 지금 당장, 바로 눈앞에 있는 공간에서 시작하면 된다. 무슨 규칙을 만들자는 것이 아니다. 자신만의 방식대로 공간을 정리하기 위한 생각과 질문을 해보면 된다.

와비사비 정서가 깃든 집

사실 많은 사람들이 지저분한 집을 내키지 않아 하면서도 잡동사니로 가득 찬 집에 살고 있다. 우린 필요하지 않을 때도 물건을 산다. 모든 것이 다 정돈되어 있어야 한다고 다짐하면서도 가만히 누워 무의식중에 TV를 켠다. 나는 삶의 중요한 변화를 바라는 이들에게 늘 물건 정리를 우선순위에 두라고 조언한다. 그들은 물건을 많이 비울수록 부정적인 사고방식, 불안한 감정, 정신없이 바쁜 생활, 과거 자신이 했던 일에 대한 집착, 진정한 자신의 모습과 관계없는 삶에 대한 열망 등이 비워지는 것을 느꼈다고 말했다. 바로 이 공간에 와비사비가 머문다.

있는 그대로의 나의 모습이 완벽하게 불완전하다는 사실을 깨달으면, 자신의 이미지를 과대 포장하기 위한 '물건'도 덜 필요하게 된다. 궁극적으로, 단순하게 충만한 집은 나 자신과 가족, 친구들과 함께하고 싶은 마음으로 가득한 집이다. 이를 위해서는 내가 사랑하는 공간, 미적인 영감을 주는 공간으로 집을 바꾸면 된다. 이런 집은 머물고 싶은 곳이다. 나의 판단을 한쪽으로 치워두고, 이미 가진 것으로 할 수 있는 것에만 오롯이 집중해보자. 마음이 담긴 단순함은 충만함을 느끼게 해준다.

와비사비에 영감을 받은 집은 손님을 따뜻하게 맞아주고 가족의 삶을 잘 가꿔주는 편안한 공간이다. 충동적으로 구매한 새 물건들이 아니라 애정과 추억이 스민 소중한 것들이 있는 공간이다. 옳고 그름은 없다. 완벽하게 불완전한 방식으로, 꾸미지 않고도 꾸미는 공간이다.

경험하며 느끼는 아름다움

낡은 방의 창문 밖을 내다보면, 도자기 물레를 돌리는 마키코 헤이스팅스를 볼 수 있다. 점토 얼룩이 여기저기 묻은 나무 의자에 앉아 장인의 손길로 도자기를 만지고 있는 마키코. 뒤쪽 선반에는 건조 중인 도기들이 나란히 놓여 있다. 도자기 하나하나 사랑과 타고난 미적 감각으로 빚은 작품들이다.

내가 처음 마키코의 작품을 알게 된 것은 2011년 일본 대지진 희생자를 돕기 위한 기금 조성을 하기 위해 마키코가 만든 새 모양의 젓가락 받침대를 구매하면서부터였다. 마키코는 미나미산리쿠에 사는 주민들을 돕기 위해 1,000개의 새 모양 도자기를 만들었다. 미나미산리쿠는 지진 후 쓰나미로 마을의 70퍼센트가 파괴되었다. 수년 동안 자기 자신과의 싸움을 하며 예술 활동을 하던 마키코는 자신의 창의력을 가지고 더 큰 세상으로 나왔다.

요즘 마키코는 개인 온라인 숍에서 손수 작품을 만들어 판매하고 있다. 마키코에게 미적인 선택에 관해 묻자 그녀는 한 분야의 단순함이 어떻게 다른 분야의 섬세함이 되는지에 대해 들려주었다. 한 예로, 얼마 전 마키코는 어느 지역에서 식당을 운영하는 주방장을 위해 저녁 식사용 접시들을 만들었다. 일반 접시보다 훨씬 더 평평한 모양에 신비로운 코발트빛을 띤 접시들은 제각각 모양이 달라서 음식을 담아낼 때도 서로 다른 고유의 모양을 선보인다.

마키코는 그릇의 형태와 장식, 색상에 대한 고민을 넘어, 자신의 그릇을 단순히 음식만 담는 것이 아니라 기억까지 담는 도구로 본다. 사용자가 그릇을 사용하고 아껴줌으로써 아름다움이 완성된다고 믿는다. 바로 그 지점에 중요한 지혜가 있다. 그는 아름다움은 단순히 보는 것이 아니라 경험함으로써 찾을 수 있다고 믿는다.

아름다움을 정의하는 단 하나의 일본어 표현은 없다. 그래서 나는 그 아름다움을 일상생활에 적용할 수 있는 가장 보편적인 개념들을 보여주려 한다.

먼저 일본 미의 표면적 아름다움을 '취향의 스펙트럼'으로 표시해 보겠다.

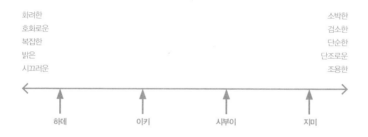

하데派手

화려한, 야한, 자유로운. 화려한 기모노, 보석으로 장식한 손톱, 다양한 색채의 만화 주인공들. 하데의 범주에는 기본적인 색부터 형광색에 이르기까지 무슨 색이든 포함된다.

이키 粋

시크한, 세련된, 세속적인, 정교한. (설령 공을 조금 들였다 하더라도) 공들이지 않은 세련됨, 냉철한 사고방식, 세련된 옷차림, 자신감 있는 색.

시부이 渋い

엄한, 조용한, 미묘한, 억제된 등의 의미로 번역되기도 하지만 일본어로는 고요함, 깊이, 단순함, 순수함 등 보다 깊은 의미를 내포하고 있다. 최근 들어 시부이는 세련되고 절제된 스타일을 의미하기도 한다. 색의 관점에서는 어둡고 깊고 풍요로운 색으로 수국 꽃처럼 중간색이나 흐릿한 색이 포함된다.＊

지미 地味

한자를 풀이하면 '흙의 맛'이라는 의미. 절제된, 보수적인, 겸손한. 중간색, 베이지나 흐린 회색 톤. 무늬로 따지면 대비가 낮고 밋밋한 디자인.

＊ 원래 '시부이'는 덜 익은 감 맛처럼 '떫은'이라는 의미다. 시간이 흐르면서 이 단어는 미학적으로 중요한 의미를 지니게 되었고, 1960년 영국 잡지 《하우스 뷰티풀House Beautiful》에서는 '일본 미의 극치'라고 표현하기도 했다.

이런 아름다움들이 각자 우아하게 깃드는 공간이 있다. 하지만 표면적으로는 이들 단어의 느낌이 매우 다르게 보인다. 이 단어들은 태도를 묘사할 때도 사용된다.

와비사비다운 것

서양에서는 이따금 와비사비라는 용어를 특정 취향을 묘사하는 형용사로 사용하기도 한다. 서양에서 와비사비는 자연스러운, 소박한 생김, 불완전함을 의미 있게 여기는 태도, 자연스러운 재료나 질감, 특징을 의미한다. 어딘지 모르게 자연의 느낌이 나는 색, 가령 흙색, 녹색, 파란색, 회색, 적갈색 등을 의미하기도 한다. 나는 이런 특징이 있는 것들을 좋아한다. 그런 것들에 끌리고 집도 그런 분위기로 꾸민다. 하지만 그런 것들은 여기서 우리가 논의하는 깊은 의미의 와비사비가 아니다.

추측컨대, 이러한 의미의 변화는 언젠가 와비사비에 감화를 받은 용감한 외국인들이 그 본질의 중심에 다가가기 위해 노력했던 때 일어난 것이 아닌가 싶다. 상상해보면, 와비사비가 뭐냐고 묻는 질문에 일본인들은 적절한 단어를 찾지 못해서 단순한 그릇, 다실, 시든 나뭇잎 등 와비사비의 경험과 연관된 사물을 가리켰을 것이다. 그래서 서양인들은 와비사비의 깊이는 이해하지 못한 채 와비사비가 단지 불완전함을 기리는 특정 '외양'이라고 생각하게 되었을지도 모른다.

　혼란을 피하기 위해 나는 이렇게 특정한 시각적 멋(표면적인 분위기)에 '와비사비다운'이라는 표현을 사용할 것이다. 한편, '와비사비'는 철학적 의미를 가리키는 데 사용해서 이를 구분하려고 한다.

　다음은 '와비사비다운' 모양을 표현하는 데 가장 흔히 사용되는 용어들이다.

- 비대칭의
- 분위기 있는
- 흠이 있는
- 소박한
- 불완전한
- 불규칙한
- 세월의 흔적
- 검소한
- 자연스러운
- 향수를 불러일으키는
- 근본적인
- 있는 그대로의
- 절제된
- 거친

- 꾸미지 않은
- 고요한
- 단순한
- 영혼이 충만한
- 미묘한
- 질감이 있는
- 장식을 배제한

'와비사비다운'이라는 말을 취향의 스펙트럼에 대입해보면 시부이와 지미의 중간 어디 즈음에 위치할 것이다.

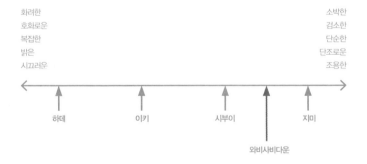

나의 취향에 스며드는 와비사비

저마다 자신의 자연스러운 취향이 저 스펙트럼의 어디쯤 있는지 잠시 생각해보길 바란다. 취향을 정확히 파악하려면 일단 자신이 사는 집을 한번 둘러보고, 마음이 좋아지는 공간을 떠올려보라. 시각적인 선호도는 단순히 색뿐 아니라 질감, 모양, 크기, 음영의 영향을 받을 수도 있다. 당신의 취향이 무엇인가에 따라 와비사비는 자연스럽게 스며들 것이다.

- 하데 혹은 이키 취향이라면, 와비사비다운 스타일이 다소 고요하고 평온한 분위기를 더할 수 있으며 자연과의 유대감을 느끼도록 도와줄 수 있다.
- 시부이 취향이라면, 와비사비다운 스타일이 자연스럽게 어울릴 것이다. 아직 자신만의 스타일을 찾지 못했다면, 와비사비다운 스타일이 특색 있고 이야기가 있는 삶을 만들어줄 것이다.
- 지미 취향이라면, 와비사비다운 스타일이 가미되면 더 따스하고 풍요로워질 것이다.

정서적 아름다움의 분류

아름다움의 진가가 단순히 '겉모습'에만 있지는 않다. 일본 미학에서는 겉모습 이면의 아름다움에 관한 정서를 표현하는 특정 단어가 있는데, 아름다움에 대한 경험과 관련 있다. 아름다움의 각기 다른 면을 표현하는 여러 단어들이 있으며 그중 어떤 단어는 의미가 서로 중첩되기도 한다. 좀 더 단순화하기 위해 이 책에서는 가장 중요한 몇 가지 단어만 소개한다.*

모노 노 아와레|物の哀れ

덧없는 아름다움을 볼 때 느끼는 차분한 감수성과 정서. '어떤 것에 깃든 비애감', '달콤하지만 씁쓸한', '무상한 느낌' 등 다양하게 해석된다. 이는 덧없이 사라지는 것에 깃든 아름다움이다. 언뜻 보면 '와비사비'와 비슷한 것 같지만, 한 가지 뚜렷한 차이가 있다. 모노 노 아와레는 오직 아름다움(곧 사라지는 것이 지니는 아름다움)에만 국한되는 반면, 와비사비는 아름다움이 삶에 대해 일깨워주는 정서라 할 수 있다. 일본인들은 '모노 노 아와레'를 비유할 때 연한 분홍빛으로 만개했다가 이제 막 떨어지려 하는 벚꽃에 빗댄다. 반면 와비

---

* 다른 중요한 미학 원칙에는 '미야비(정제된 우아함)', '수키(특이함, 개성, 불규칙함 등이 가미된 정제미)'가 있다.

사비는 가을 낙엽에 비유하곤 한다.

유겐幽玄

상상력을 동원해 들여다본 세상의 깊이를 뜻한다. 우아하고 신비로운 아름다움이고, 우리가 우리 자신과는 비교도 되지 않을 만큼 거대한 무언가에 속한 아주 미미한 존재라는 사실을 깨닫는 아름다움이다. 유겐은 일본의 전통극인 '노能'에서 가장 중요한 원칙 중 하나로 꼽힌다. 헤이안 시대 귀족 문화에서 유래했으며, 시간이 흐르면서 아름다움의 시적인 면에 깊이 감동받는다는 의미로도 사용된다.

와비侘

단순함에서 아름다움을 발견하고 깨달으면서 생기는 감정이다. 물질적인 세상에서 동떨어져 느끼는 조용한 만족감이다. 와비 정신은 단순함을 진심으로 받아들이는 정서, 이미 우리 주변에 존재하는 것들의 아름다움에 감사하고 겸손한 태도를 지키려는 마음과도 깊은 연관이 있다.

사비寂

시간의 흐름에서 배어나오는 깊고 차분한 아름다움이다. 시각적으로는 고색창연함, 낡고 무뎌짐, 바램, 오래된 흔적 등이며, 사물의 외양을 묘사하는 데 사용되기도 한다. 또한 사비는 순환하는 자연의 섭리를 존중하고 반영하고 일깨워주는 아름다움이며, 쓸쓸하고 애잔한 정서에서부터 깊은 사색과 간절한 바람의 정서에 이르기까지 다양한 감정을 아우른다.

아름다움의 감성적 요소들은 일본의 미적 감각에서 매우 중요하다. 이 요소들을 이해하려면 잠시 멈추고 가만히 집중해서, 마음을 열고 젖어들어야 한다.

1958년 인테리어 잡지 《하우스 뷰티풀》 기자였던 엘리자베스 고든은 일본의 미적 정서에 관해 5년 동안 자료를 조사하고 글을 썼다.

첫째, 만약 여러분이 익숙한 일이나 오랫동안 공들인 어떤 일에 얽매여 있다면 아름다움을 인식하는 법을 배우지 못할 것이다. 모든 것을 순수한 눈으로 바라보아야 한다. 즉, 바라보는 것의 가격, 나이, 사회적 맥락, 평판 등은 모두 잊어야 한다는 의미다. 타인이 만든 모든 판단과 편견은 지워버리고 나무, 석양, 구름, 산 등 자연에 있는 것들을 대하듯 대상을 대해야 한다.

둘째, 만약 여러분이 어떤 사물을 각각 따로따로 본다면 아름다움을 보는 법을 배우지 못할 것이다. 특히 필연적으로 함께 있는 것들일수록 더욱 그렇다. 사물의 아름다움이 더해지거나 덜해지는 것은 그것을 둘러싼 환경에 따라 달라진다.

미국에서 유행을 선도하던 사람이 독자들에게 집에 들여놓은 물건을 타인이 평가하고 판단하는 가치로 판단하지 말고 있는 그대로 직관적으로 받아들이라고 말한 것이다.

아름다움을 발견하는 법

와비사비의 아름다움은 눈과 마음으로 보고 참여하고 경험해야 한다. 우리의 삶과 삶의 공간을 더욱 아름답게 만드는 과정 속에 와비사비가 우리에게 주는 가장 중요한 교훈이 있다.

그렇다면 '아름다움이란 대상을 보는 이의 마음속에 있으므로 우리는 사물을 새롭게 보는 법을 깨달아야 한다'는 말은 무슨 뜻일까?

우리 몸의 모든 감각으로 아름다움을 보라는 의미다. 끊임없이 더 많은 것을 추구하던 방식에서 벗어나 이미 우리의 시야 안에 존재하는 것들을 알아차린다는 의미다. 천천히 시간을 들여 바라보고, 외면 아래에 있는 내면에 집중하라는 의미다. 우리가 이미 가지고 있는 아끼고 사랑하는 물건, 사람, 생각들 가운데서 찾으라는 의미다. 때로는 인생이 순환하고, 영원하지 않으며, 짧고도 소중하다는 사실을 성찰하라는 의미다. 가능성과 호기심에 마음을 열어두라는 의미다. 더 단순한 삶이 주는 선물을 찾으라는 의미다.

우리 집 마루 위에는 인테리어 잡지들과 내가 몇 년 동안 모은 책들이 놓여 있다. 나는 오랫동안 매료되었던 일본의 디자인과 스타일이 무엇이라고 정확하게 딱 집어 말하려고 노력 중이다. 2000년대, 나는 몹시 바쁜 생활을 했었지만 여유가 생기면 아늑한 카페에서 건축이나 인테리어 디자인, 도자기, 직물, 스타일링 등에 관련된 책이나 잡지를 보곤 했다. 드물게 쉬는 날이면 전시회를 찾아다니기도 하고 지유가오카, 다이칸야마, 가구라자카 등에 있는 작은 독립 상점들을 둘러보기도 했다. 상점에서 파는 아름다운 공예품들을 보는 즐거움도 있었지만 그 공예품들이 포장되고 정리된 방식을 보는 것이 큰 즐거움이었다.

당시에는 잡화 상점 붐이었다. '잡화'를 단순히 잡동사니라고 따분하게 번역하는 것은 자신의 취향을 드러내주고 집에 이야기를 풍성하게 보태주는 보물을 건지는 즐거움을 경시하는 태도다. 잡화는 공간을 더욱 세심하게 가꿔서 빛나게 해준다.

내가 살던 우시고메 야나기초의 작은 아파트는 근처의 고층 건물과는 거리가 먼, 조용한 주거지여서 복잡한 대도시 한복판에 있다는 느낌보다는 한적한 작은 마을에 있는 것 같은 느낌을 주었다. 작은 욕실을 제외하면 딱 방 한 칸짜리 집이었다. 주방 창문 밖으로는 빈 땅이 있어서 민트가 야생화처럼 자라곤 했다. 요즘도 시원하고 싱그러운 민트 향이 생각나곤 한다.

나는 천천히, 그리고 신중하게 가구를 들였다. 예산도 생각해야 했고, 너무 작은 공간이라 여러 제약이 있었기 때문이다. 신중하게 고른 물건들을 하나하나 매우 아꼈으며 모든 물건에 추억이 깃들었다. 벽에 걸어둔 일본 전통 종이 '와시'는 이른 봄 자두 꽃이 떨어지던 어느 날 오후, 좋아하던 종이 전문점에서 구한 것이다. 리넨으로 된 식탁보, 손으로 깎아 만든 젓가락, 귀하게 빚어진 도자기 등은 친구들에게 받은 소중한 선물이었다. 혼자 식사를 할 때도 늘 그 식탁보와 젓가락, 도자기를 사용했다. 꽃과 도자기, 느린 삶에 관한 책들이 쌓여 있고, 그 위에 놓인 찻주전자와 화병이 값비싼 장신구를 대신하고 있었다.

상품들이 넘쳐나는 현대사회에서 우리는 많은 선택을 하며 살아간다. 늘 소비하다 보니 카드값은 날로 늘어간다. 우리의 삶은 그릇 수납장처럼 급속하게 과포화 상태가 되고 만다. 두 딸이 생기고 가족 규모가 커지면서 나는 자연스럽게 통장 잔고를 거덜 내지 않고도 집에 평온한 분위기를 안겨주는 집 꾸밈 방식을 생각하게 되었다.

내 발 밑에 흩어져 있는 인테리어 책과 잡지를 보다 보면 그 속에서 몇 가지 공통점을 찾을 수 있다. 단순하고 깨끗한 여백, 질감이 느껴지는 가구, 보기 편하게 진열된 신중하게 고른 물건들, 작은 공간에 작은 물건들(커다란 가구는 없다), 진열보다는 비움, 자연을 집 안에 들임(작은 안마당부터 꽃, 그 안에 전시된 것들), 계절 감각, 빛과 그림자,

중간 톤, 공간의 유연성이 활용되는 방식과 고요한 분위기를 강조하는 방식 등······.

이것들은 소중한 것들을 모두 꺼내어 진열하지 않는 것, 모든 공간을 물건으로 꽉꽉 채우지 않는 것, 처음 만난 이들에게 삶 전체를 다 드러내 설명하지 않는 것, 허겁지겁 대화 사이의 침묵을 채우려 하지 않는 태도 등을 가르쳐주었다. 공간을 아름답게 하기 전에 단순하게 해야 하며, 최대한 활용해야 한다는 것도 말이다.

이런 것들을 모아, 삶에 적용할 수 있는 다섯 가지 주제를 분류해보았다. 그것은 단순함, 공간, 유연성, 자연, 세세함이다.

단순함

내가 좋아하는 라이프스타일 브랜드 중 하나는 '포그린넨 워크Fog Linen Work'다. 디자이너이자 설립자인 세키네 유미코가 20년 넘게 운영해오고 있는 브랜드다. 포그린넨 워크 상점은 도쿄의 시모키타자와의 작은 거리에, 요란한 도시 속 고요한 오아시스처럼 자리 잡고 있다. 질감이 풍부한 노출 콘크리트 벽, 넓은 선반 뒤로 펼쳐진 자연스러운 천, 철제 바구니에 얌전히 개어진 리넨 손수건들, 차곡차곡 쌓인 나무 접시와 작은 단추들이 놓인 쟁반들. 은은한 색의 리넨 옷이며 가방들이 긴 레일에 걸려 있다. 가장 좋아하는 아이템은 튼튼한

앞치마다. 이 앞치마를 두르고 있으면 당장 집에 가서 뭔가를 요리하고 싶은 기분이 든다. 상점 내부는 공간과 시간이 정지한 듯하다.

서양 문화권에서 오래 살았던 세키네는 브랜드를 설립하기 전 미국에서 생활용품을 수입했고, 지금도 손수 제작한 물건들의 원료를 리투아니아에서 공급받아 작업한다. 덕분에 누구나 부담 없이 사용할 수 있는 스타일의 제품을 샌프란시스코의 아파트에서도, 런던의 도시 주택에서도, 일본의 가정집에서처럼 편하게 사용할 수 있게 되었다.

세키네에게 그녀만의 특별한 스타일을 몇 단어로 이야기해달라고 하자 이렇게 말했다.

> 단순함, 미니멀함, 정돈이죠. 유럽의 거래업체 담당자 말로는 제가 물건을 진열하는 방식이 누가 봐도 일본풍이라고 하더군요. 저는 차분하고 자연스러운 걸 좋아해요. 때론 계절에 따라 조금 강조되는 색을 사용하기도 해요. 제 목표는 사람들의 삶과 집에 자연스럽게 녹아드는, 어딘지 모르게 차분한 분위기를 연출해주는 그런 편안한 제품을 만드는 거예요. 저는 자연스러운 것들과 더불어 사는 게 좋아요. 가령 리넨이나 면, 나무, 철, 이런 것들이요. 플라스틱은 싫어요. 자연 소재들이 제 개성과도 잘 맞고 제가 사랑하는 단순한 것들과도 잘 어울려요.

세키네의 상점에 갈 때마다 나는 늘 우리 집 선반을 더 비워야겠다는 자극을 받는다. 내가 정말 아끼고 좋아하는 것들만 두어야겠다는 생각이 든다. 선반을 단순히 물건을 수납하는 곳으로만 볼 것이 아니라 소중한 것들을 간직해두는 곳이라고 생각하면 공간이 확 달라진다. 닫혀 있던 공간이 열린 공간이 된다.

공간을 정돈하면 마음도 정돈되고 시간과 돈도 절약할 수 있다. 집에 적용할 수 있는 몇 가지 팁들을 소개한다.

- 정리의 달인 곤도 마리에는 집 안의 물건들을 같은 범주로 분류하고 목록을 만들라고 충고한다. 책, 장난감 이런 식으로 말이다. 그다음 집 안 여기저기 흩어져 있는 물건들을 같은 항목으로 분류해 모은다. 이때 정말 좋아하는 물건들만 선택한 뒤 나머지는 버리거나 재활용하거나 기부한다. 집 안에 물건들이 어지럽게 흩어져 있다면 꽤 힘든 작업이 될 수도 있지만, 결국에는 현실을 토대로 결정을 내리게 된다. 문득, 기껏해야 일 년에 한 번 갈까 말까 한 휴양지에서 쓸 챙 넓은 모자가 다섯 개나 있다는 사실을 깨닫게 된다면 처분하기가 쉬워진다. 사용하지 않는 물건을 처분하고, 비슷한 물건들끼리 분류해서 모아두면 필요한 물건을 쉽게 사용할 수 있다.
- 기술로 대체할 수 있는 것 혹은 아예 없앨 수 있는 것들이 없는지 생각해본다. 가령, 음반을 구매하는 대신 음악 감상 앱을 사

용한다든지, 아주 특별한 사진들 몇 장만 인화해 액자에 넣어두고 나머지 사진은 디지털 파일로 보관한다든지, 종이책보다는 전자책으로 사서 보거나 지역 도서관을 이용한다든지 하는 방법을 생각해보라.

- 수납장에 넣어둘 것이 아니라 추억으로 간직할 수 있는 것은 없는지 생각해본다. 예를 들어, 먼 친척이 돌아가셨을 때 고인의 유품 상자를 받았다면 그중 소중히 간직할 하나만 고르고 나머지 물건은 놓아준다.

- 종이들을 모아 파일을 세 가지로 분류한다. 지금 처리할 것, 파일로 보관할 것, 버릴 것.
  지금 처리할 것으로 분류된 파일들은 오후에 하나하나 바로 처리한다. 변명하거나 미루지 말고 즉시 처리한다. 파일로 보관할 서류들은 가능하면 스캔해서 디지털 문서로 보관하고 원본은 찢어서 버린다. 다만, 집 계약서 등 법적으로 중요한 문서는 원본을 보관해둔다. 버릴 것에 포함된 문서 중 개인 정보가 들어 있는 것은 찢고 나머지는 재활용으로 분류해 버린다. 빈 서류함 하나를 만들어서 버릴지 보관할지 아직 결정되지 않은 서류들만 따로 모아 보관한다. 그리고 일주일에 한 번 그 서류함을 보고 지금 처리할지, 파일로 보관할지, 버릴지를 결정한다.

- 아무렇게나 둔 옷 한 벌, 분류하지 않은 종이, 방치된 장난감 한 개는 자석처럼 다른 물건들을 끌어들인다. 손쉽게 깨끗한 상태

를 유지할 수 있도록 단순한 체계를 적용한다.

- 함께 사는 이들과 같이 한다. 정돈을 게임처럼 해도 좋다.
- 지갑과 가방 정돈도 잊어선 안 된다. 지갑과 가방은 하루에 한 번 이상 들여다보는 아이템이므로 집 안의 공간보다 더 자주 보게 되는 물건인지도 모른다.

공간

일본의 건축 철학을 천천히 들여다보면 생활에 적용할 수 있는 빛나는 지혜들을 찾을 수 있다. 일본 최고의 건축 역사학자인 마쓰자키 데루아키 박사는 일본 건축의 주요 특징으로 다음 몇 가지를 꼽았다.

- 마間(공간) *
- 자연, 외부와 내부의 연결
- 미적 감각

* 건축가 매슈 클라우델에 의하면 일본어로 '사이의 공간'을 의미하는 '마'는 서양에서의 물리적 공간 개념보다 더 광범위한 개념으로 사용되는데 연속선상에 존재하는 둘 혹은 그 이상의 것들 사이의 자연적 거리, 일본 전통 건축에서 기둥과 벽 사이의 공간 등을 의미한다.

- 빛과 그림자에 대한 이해
- 재료의 신중한 선택(특징, 원료, 질감, 냄새 등을 고려한)
- '덜할수록 좋다'는 개념

마쓰자키 박사는 "진정한 아름다움은 보는 이들이 채울 수 있도록 미완인 채 내버려두는 것"이라고 했다. 아름다운 글에는 무언가 하지 않은 말이 담겨 있다. 그래서 독자들은 상상력으로 그 여백을 채울 수 있다. 아름다운 예술품에는 설명하지 않은 채 남겨진 부분이 있어, 작품을 감상하는 이가 호기심으로 나머지 부분에 참여한다. 건축에서 실내장식도 마찬가지다. '완벽하게' 보이는 건축물이라 할지라도 완전무결함은 이상적인 인테리어가 아니다. 마쓰자키 박사는 "공간은 궁극적으로 거주하고 사용되기 위해 창조된 곳이며, 이 목적이 제대로 이뤄지지 않으면 성공적인 공간 창출이라고 보기 어렵다"고 말한다.

이러한 건축 철학을 우리가 사는 집에도 적용할 수 있을까? 우리도 공간을 창조할 수 있다. 우리도 자연을 집 안으로 들일 수 있다. 아름답다고 생각하는 것을 집과 조화시킬 수 있다. 빛뿐 아니라 그림자까지도 섬세하게 고려할 수 있다. 신중하게 물건을 골라 정말 사랑하는 것만 있는 공간으로 만들 수 있다.

처음 시도가 만족스러우면 의욕이 생긴다. 그래서 가장 자주 보는 것부터 시작하면 효과가 훨씬 크다. 우선 책, 옷, 장난감, 서류 등과 같이 굵직한 물건들부터 정리해보자.

우선 아래 질문들을 스스로에게 해본다.

- 내가 방에 들어왔을 때 어떤 기분이면 좋겠는가? 어떤 색상들을 사용하면 내가 원하는 기분을 느낄 수 있을까? (이 장에서 소개한 '취향의 스펙트럼'을 생각해보고 어떻게 하면 와비사비다운 스타일과 색상이 방의 개성을 잘 살릴 수 있을지 고민해보라.)
- 공간이 더 빈다면 어떨까? 공간의 어떤 부분을 늘 비워두고 싶은가? (페인트칠이나 도배를 다시 하고 싶다면 지금이 좋은 시기다.)
- 공간을 최대한 활용하려면 가구를 어떻게 배치하는 게 좋을까? 이 가구가 방에 꼭 필요한가? (사용하지 않는 가구나 물건을 팔고, 벼룩시장이나 골동품 상점, 브랜드가 아닌 개인이 만들어 파는 가구점 등을 방문해보자. 지금이 내게 꼭 맞는 공간으로 방을 다시 만들 기회일지 모른다.)
- 이 방을 아름답게 만들어줄 물건 중 내가 이미 가지고 있는 것은 어떤 게 있을까? 어떤 물건을 두면 이 공간의 이야기가 풍성해질까? 방을 다른 용도로 어떻게 활용할 수 있을까?
- 방에 자연을 들여놓는 방법은 없을까? 좀 더 자연에 가까운 것을 가져다놓는 건 어떨까? 어떤 식으로 계절을 반영하면 좋을까?
- 벽이나 가구, 마루, 천정 등의 질감은 어떻게 표현하면 좋을까?
- 책을 좋아한다면 책들을 어떻게 진열하는 게 좋을까? (선반에 두

기, 테이블 옆에 쌓아두기, 높이 쌓은 책 탑을 세 개 정도 붙여서 가볍게 물건을 올려두는 공간으로 활용하기 등)

그런 다음 한 공간씩 자신의 아이디어를 적용해본다.

- 마루에 있는 모든 것을 다 치운다.
- 어디든 위에 올라와 있는 물건은 다 치운다.
- 벽에 걸린 모든 것을 다 치운다.
- 방에서 치운 물건들 중 다시 방으로 들여놓지 않은 물건들을 살펴본다.
- 노트에 계절별로 혹은 매달 분위기를 전환하거나 바꿔놓을 물건들의 목록을 정리해본다.
- 정리를 다 마쳤으면 아름다운 방에서 차 한 잔을 즐기고, 다음 방으로 가자!

유연성

일본의 전통 가옥들은 주로 목조주택이다. 벽이 얇고 공간을 활용하기에 매우 유연하다. 다다미식 방은 휴식 공간부터 명상 공간이나 식사 공간, 수면 공간 등 다양하게 사용된다. 미닫이문을 여닫거나 탁자를 옮길 수도 있으며 요를 깔아둘 수도 있고 치워둘 수도 있다. 손님을 초대해 함께 있을 수도 있고 혼자 있을 수도 있다.

이 유연성의 개념을 좀 더 깊이 알아보기 위해 나는 친구인 사나다 다이스케의 집에서 시간을 보내곤 했다. 사나다 다이스케는 건축사무소의 CEO이자 디자이너다. 사나다는 몇몇 목수 친구들의 도움을 받아 도쿄 외곽의 작은 마을에 직접 집을 지었다. 아내 사야카는 인테리어 디자이너이며 이들 가족이 사는 집은 작고, 사려 깊고, 아름다운 공간이다. 사나다는 현대식 안목과 아늑한 공간에 대한 애정을 더해 함께 있는 사람들 간의 유대감을 강화시킬 수 있는 공간을 만들고 있다.

그의 집은 2층 구조인데, 앞부분의 높이가 뒷부분보다 2배나 높고, 손으로 직접 만든 삼나무 지붕이 얹어져 있으며 한쪽 끝에는 커다란 삼각형 창문이 있다. 이 집은 마치 뒤에 펼쳐진 숲의 일부인 양 자연스럽게 어울려있다. 이 집의 거실, 식사하는 공간, 조리하는 공간은 모두 개방형이며 바닥을 조금 높여 다다미방도 만들었다. 그 옆에는 화목 난로가 있어서 개가 엎드려 온기를 쬐곤 한다. 이 다다미방에서 아침 요가도 하고, 겨울 오후에는 낮잠도 잔다. 나무로 된 단순한 모양의 선반에는 야요이 시대(일본 초기 철기시대-옮긴이)의 부서진 항아리들이 자연스럽게 놓여 있다. 항아리 안에는 그의 친구가 재배한 쌀이 들어 있다. 2,000년 전 사용되던 평범한 단지가 박물관 같은 곳에 처박혀 있는 것이 아니라 일상을 즐겁게 해주는 소품이 되어 자연스럽게 배치되어 있다.

1층에는 욕실과 침실, 창고가 있고 사다리로 이어지는 2층에는 서늘한 공간과 여분의 침실이 나온다. 사다리가 통하는 윗부분은 유연한 가구들로 나뉘어 있다. 예를 들면 이동식 책장이나 지붕에서부터 내려오는 천으로 된 커튼 등이 그날그날 필요에 따라 구획을 나누어 개인 공간을 만들기도 하고 사무실 공간을 만들기도 한다. 그 결과 이 집은 사나다와 그의 가족이 원하는 라이프스타일을 충족시켜주는 따뜻한 공간이 되었다. 세련되면서도 실용적이고, 심오하면서도 단순하다.

사나다와 나는 대비와 관계의 가치에 관해 많은 이야기를 나누었다. 대비가 주는 긴장감 사이에 아름다움이 있는 경우가 많기 때문이다. 빛과 그림자, 소리와 침묵, 단순함과 섬세함, 고상함과 평범함, 존재와 부재, 자유와 절제, 와비와 사비 등. 우리는 대화에서, 인생에서, 숲길 산책에서, 문득 발견하는 아름다움에 관한 이야기도 나누었다. 그리고 모든 것들이 어떻게 연결되어 있는지, 우주에서, 내면에서, 외면에서, 우리 주위 환경에서, 우리의 마음에서, 관계에서, 자연이라는 거대한 섭리 안에 있는 우리 자신에게서 그 연결성을 찾고 그에 대해 이야기했다.

유연성 개념에서 영감을 얻을 부분은 아주 많다. 가구와 러그, 선반 등을 배치해 공간을 나눌 수 있으며, 사용하고 싶은 방식에 따라 정기적으로 공간 배치를 바꿀 수도 있다. 이러한 작업은 결코 '완성'

되지 않으며 굳이 완성을 추구할 필요도 없다. 벽에 페인트를 새로 칠하고, 장식물 위치를 바꾸고, 제철 꽃과 식물을 들여놓고, 분위기를 전환할 수도 있다. 시각적 대비나 보는 것과 느끼는 것의 관계에 집중할 수도 있다. 창은 단순히 창이 아니다. 창은 그 너머 세상을 펼쳐 보이는 틀이다. 방 한구석에 있는 선반은 어쩌면 방 안의 다른 모든 것들과 균형을 맞추고 있는 건지도 모른다. 방 안의 모든 것들이 서로에게 어떤 영향을 미치고 있는지, 서로 어떻게 조화를 이루고 있는지, 공간의 흐름과 어떻게 어우러지는지, 나는 어떻게 살고 있으며, 어떤 기분이 드는지 가만히 지켜보라.

명심하라. 유용성, 단순함, 아름다움, 이야기가 그 공간에 있어야 한다는 사실을.

그렇다면 모든 게 넘치고 버려지는 시대. 비교와 경쟁 속에서 우리는 어떤 결정을 내려야 하는가? 마음이 담긴 쇼핑이란 무엇일까? 가장 좋은 쇼핑은 아무 곳에도 돈을 쓰지 않고, 오직 자연의 아름다움으로만 채우는 것이다. 자연에서 시간을 보내고, 숲의 선물을 모아보라. 아니면 물건을 사는 대신 손으로 뭔가 만들어보라.

뭔가 새 물건을 사고 싶을 때는 아래 질문들을 스스로에게 해보자.

- 정말로 필요한가? 이 기능을 하는 물건을 이미 가지고 있지는 않은가? 내가 정말로 이 물건을 사용할 것인가?
- 그것을 정말 좋아하는가? 하루가 지난 후에도 여전히 그것을 원

할 것인가? 일 년 후에는 어떤가? 잠시만 기다리면서 정말 내가 그것을 원하는지 생각해보자.

- 그것이 지금 내가 살고 있는 이 인생의 시점에 맞는가? (아니면 그 물건을 사는 것이 과거의 나를 붙잡아두거나 미래 내 인생의 어느 순간에 나를 옭죄기 위한 것은 아닌가?)
- 내가 가진 다른 물건과도 잘 맞는가?
- 내 공간을 더 유연하게 활용하는 데 도움이 되는가?
- 돈 들이지 않고 빌리거나 교환하는 방식으로도 구할 수 있는가?
- 그 물건을 놓을 공간을 만들기 위해 무엇을 없앨 것인가?
- 그 물건의 비용을 지불하기 위해 무엇을 희생해야 하는가? 그럴 만한 가치가 있는가?
- 자연 소재인가? 그렇지 않다면 자연 소재로 된 것은 없는가?
- 조금 더 비용을 들여 오래 쓸 수 있는 것을 살 만한 가치가 있는가?

자연

와비사비다운 집을 만드는 데 자연은 필수 요소다. 자연은 와비사비 철학과 가장 깊숙하게 맞닿아 있으며, 늘 덧없는 섭리를 일깨워준다. 자연과 계절에 관해서는 3장에서 좀 더 자세히 살펴볼 것이므로 여기서는 자연에서 온 소재들을 집에 들이는 방법을 생각해보자. 예를 들어, 거친 결이 살아 있는 나무, 대나무, 흙, 돌, 무광의 금속, 한지나 자연 소재의 섬유로 짠 직물 등이다. 나는 나무로 된 뒤주를 보물처럼 아낀다. 그 뒤주에 장작을 보관해 사용한다. 조금만 아이디어를 내면 얼마든지 창의적으로 재활용할 수 있다. 벼룩시장이나 빈티지숍, 골동품 상점 등을 구석구석 다니며 발품을 팔아보자. 이따금 세월은 자연으로 된 것들에 깊이와 아름다움을 더한다. 그러니 반드시 새것을 살 필요는 없다.

무엇이든 자연스러워야 한다. 나는 허브 단지와 오일병을 주방의 금속 바구니에 함께 두곤 한다. 벽에 자연이 떨군 잎이나 꽃을 붙여두거나, 나뭇잎 그림들을 붙인다. 그 옆의 사진들을 바꿀 때는 마스킹 테이프를 사용하기도 한다.

꽃은 공간을 환하게 해준다. 꽃이 활짝 피고 난 후 좀 더 오래 화병에 꽂아두고 꽃잎이 서서히 시드는 아름다움을 감상해도 좋다. 야생화 등을 두어 작은 야생 세계를 집 안에 들이면 분위기가 전환된다. 예쁜 잡초라도 상관없다. 밖에 나가서 자연이 지금 이 계절에만 우리에게 주는 것들을 둘러보자. 숲이나 나무, 산울타리, 바닷가에서 무엇을 집으로 가져올 수 있는가? 떨어진 나뭇잎, 산열매, 상수리 열매, 도토리, 콩 꼬투리, 조개껍질, 나무 조각, 깃털 등 자연의 숨결이 담긴 것들, 와비사비 정서가 밴 것은 무엇이든 상관없다.

이렇게 자연에서 온 것들을 한데 모아 집 한쪽에 모아보라. 좋아하는 책과 함께 두어도 좋고, 오래된 유리잔 옆에 두어도 좋다. 빈티지 타자기 옆도 괜찮을 것 같다. 붉은 열매가 맺히는 낙상홍 나뭇가지를 작은 병에 꽂아두거나 스노드롭 한 아름을 꽂아두어도 좋다. 떨어진 나뭇가지에 꼬마전구 선을 감아봐도 괜찮다.

세심함

지극히 사소한 것에 주의를 기울이는 것도 와비사비의 한 측면이다. 사소함은 공간에 재미를 더해주고, 그곳을 오롯이 나만의 공간으로 만들어주기도 한다.

우리 집에는 계단에 높은 창문이 있는데, 그 창문에는 길고 무거운 커튼이 달려 있었다. 이 집으로 이사를 왔을 때부터 달려 있었는데 나는 그 커튼을 볼 때마다 차마 떼지 못해 골머리를 앓곤 했다. 이전 주인이 아주 비싼 돈을 주고 단 고급 커튼을 떼는 것이 낭비처럼 느껴졌기 때문이다. 하지만 하루에도 몇 번씩 그 계단을 오르내릴 때마다 거슬렸고 나중에는 은근 화가 나기까지 했다. 그러다가 마침내, 내 자신이 우습다는 생각이 들었다. 지금은 우리 집인데 내가 원하는 대로 무엇을 어떻게 하든 무슨 상관이란 말인가. 결국 나는 커튼을 떼버렸다.

커튼이 없어지자마자 복도 가득 햇빛이 쏟아져 들어왔다. 다른 시간대에는 그 창에 아름다운 그림자가 드리운다.

지금은 창틀 오른편을 나만의 작은 공간으로 꾸며놓고 왼편은 텅비워두었다. 이따금 꽃이나 엽서를 바꾸기도 하고, 돌을 더 얹거나 치우기도 했다. 이제 계단 창틀은 나만의 아름다운 공간이자 오르내릴 때마다 고요한 순간을 만들어주는 공간이 되었다.

여러분의 집 어느 공간에 이 세심함을 둘 수 있을지 생각해보라.

와비사비가 깃든 집을 만들기 위한 조언들

집은 살기 위한 곳이므로, 완벽하게 다 마무리될 때까지 기다릴 필요는 없다. 친구들을 초대해 즐거운 시간을 보내기 위해 완벽하게 집안 정돈을 다 끝내지 않아도 된다. 와비사비가 깃든 집을 만들기 위한 나의 몇 가지 규칙을 소개한다.

- 정리정돈은 시간과 돈을 아끼게 해주고 집을 진심으로 좋아하는 것들만 있는 공간으로 만들어준다. 황량한 미니멀리즘은 또 다른 완벽주의다. 그저 마음이 담긴 단순함을 추구해보자. 깨끗하고, 물건들이 어지럽게 흩어져 있지 않으며, 아늑한 공간을 생각하면 된다.
- 나무나 흙, 돌처럼 광택 없는 자연 소재의 것들을 집 안에 두

고, 천연 섬유로 된 침대보나 옷, 주방에서 사용하는 행주나 앞치마 등을 사용해보자. 이런 소재는 차분한 분위기를 만들어준다. 불완전하고, 비대칭이며, 울퉁불퉁한 자연의 모습에 눈과 마음이 편안해질 것이다.

- 자연을 공간에 어떻게 들여올지 고민해보자. 꽃, 나뭇가지, 콩꼬투리, 깃털, 나뭇잎, 조개껍질, 조약돌, 손으로 만든 화관, 나무 바구니 등. 육지와 바다가 준 선물들로 시적인 이미지를 연출하며 기쁨을 누려보자.

- 빛과 그림자를 모두 담아두고 하루에도 시간에 따라 변하는 공간의 대비를 감상한다. 계절과 기분에 어울리는 흐릿한 빛과 어둠도 받아들인다.

- 오감이 즐거운 공간이 되도록 신경 쓴다. 맑은 바람을 들이기 위해 창문을 여는 것, 가구에 좋은 질감의 천을 덮어두는 것, 아로마오일로 향을 내는 것, 차분한 음악을 트는 것 등 어떤 방법이든 활용할 수 있다. 과일이나 채소를 바구니에 담아두어 아침 식탁에 작은 변화를 줄 수도 있다.

- 정말 소중한 것들만 남기고 그곳을 이야기와 추억이 있는 공간으로 만들자. 대조를 이루는 것들로 구성해도 좋다. 가령, 과거와 현재, 기본적인 것과 영감을 주는 것, 평범한 것과 특별한 것 등으로 말이다. 가지고 있는 물건들로 창의력을 발휘해 꾸며도 좋고, 이전에 사용하던 물건의 쓰임새를 달리해 사용해도 좋다.

- 물건들의 관계와 시각적 조화의 중요성을 명심하자. 이 물건들이 다른 물건들과의 관계, 공간과의 관계에서 어떻게 보이며 어떤 느낌을 주는지 고민해야 한다. 창문과 출입구의 공간 구성은 어떠한가? 무엇이 시야에 완전히 들어오고, 무엇이 부분적으로 가려져 있는가? 어떤 질감의 차이가 공간의 온기를 다르게 만드는가?

- 뜻밖의 장소에 아름다움 한 조각을 두도록 한다. 창틀에 둔 작은 화병, 손으로 직접 써서 욕실에 둔 쪽지, 계단 아래 둔 사진 액자 등.

- 계절에 따라 공간을 어떻게 다르게 활용해야 하는지, 인생의 계절에 따라서는 또 어떻게 활용해야 하는지 생각해보자.

공간을 공유하다

19세기 작가, 라프카디오 헌은 이런 말을 했다.

일상에서 가장 흔한 일들은 너무도 순진하고 꾸밈없어서

어떤 가르침도 없이

마음에서 곧장 우러나온 듯 보이는 예의로 이루어진다.

이렇듯 상대가 필요로 하는 것에 주의를 기울이는 것이 바로 접대 정신의 정수인 '오모테나시おもてなし(진심으로 손님을 접대한다는 의미— 옮긴이)'다.

료칸에 한 번이라도 가본 적 있는 사람이라면 료칸 특유의 깊은 편안함이 단순히 편백나무 욕조의 따뜻한 물이나 전통 이불이 주는 아늑한 온기 때문만은 아니라는 사실을 알고 있을 것이다. 그 편안함의 중심에는 머리를 숙여 인사하고, 조용히 주의를 기울여주며, 섬세하게 신경 써주는 주인의 태도가 있다.

'이치고이치에一期一会'는 다실에 걸린 발에 자주 쓰이는 문구로 '평생에 단 한 번뿐인 만남'이라는 의미다. 이 특별한 순간은 영원히 되풀이되지 않는다는 사실을 상기시켜주기 위해 사용된다. 누군가의 집에 초대를 받아 가보면, 주인이 정말 최선을 다해 배려하고 있음을 느낄 때가 많다. 이렇게 가슴에서 우러나오는 진실한 접대는 단순히 차려진 음식에서가 아니라 손님을 따뜻하게 맞아주는 마음, 사소한 것 하나까지도 지극하게 신경 써주는 주인의 정성에서 느껴진다.

와비사비 정신이 깃든 접대는 완벽하게 깨끗한 집이나, 유명 디자이너의 가구 등을 보여주는 것이 아니다. 편안하고 사려 깊으며 섬세하게 배려해주는 것이 와비사비식 접대다. 와비사비식 접대가 구체화된 공간이 바로 다도를 행하는 다실이다. 소박하고, 젠체하지 않으며, 정결하고, 텅 빈, 오직 손님을 맞이하기 위한 준비에만 충실한 그 공간 말이다. 우리의 일상 공간도 다도 공간처럼 최대한 깨끗하고,

잡동사니가 흐트러져 있지 않으며, 아늑한 공간으로 만들어야 한다는 생각이 든다.

시각적으로 와비사비다움을 표현하기 위해 사용했던 단어들을 떠올려보라. 자연스러운, 소박한, 절제된 등. 이런 단어들은 손님을 초대하고, 완벽한 코스 요리를 대접하기 위해 전날 하루 종일 음식을 끓이고 굽느라 가스레인지를 켜두고, 메인 요리를 태워서 공황상태에 빠지고, 깜박 잊고 드레싱을 만들지 않았다는 사실에 안절부절못하며 진정한 대화는 나누지도 못하는 그런 것과는 거리가 멀다.

손님에게 편안함을 주는 소소한 것에 집중해보자. 가령 손님이 가장 좋아하는 음료, 식탁 위에 꽂아둔 신선한 꽃, 대대로 물려받아 소중하게 사용해온 식탁보, 영양이 풍부한 음식, 쌀쌀한 밤을 아늑하게 만들어줄 부드러운 담요 같은 것들 말이다. 정말 중요한 것은 그 순간에 몰입하고, 그 순간에 귀 기울이며, 그 순간을 공유하는 것이다.

와비사비 위즈덤

- 아름다움은 보는 이의 마음에 있다.
- 내가 완벽하게 불완전한 존재임을 깨닫는다면 나를 돋보이게 하기 위해 필요하다고 여겼던 물건들은 줄어들 것이다.
- 마음이 담긴 단순함은 기쁨의 원천이다.

3장.
자연과 더불어

계절은 메트로놈과 같다.
꾸준히 현재를 돌아보고
이 순간에 귀를 기울이고 음미하고
소중히 가꾸게 해준다.

한 승려의 뒤를 따라가고 있다. 스님은 승복을 입고 작은 헝겊으로
된 모자를 쓰고 있다. 그는 즈이호인 사찰의 스님으로 지혜가 깊고
이야기를 무척 잘한다. 조용한 사찰에서 내가 질문을 너무 많이 한다
는 생각이 들었지만, 스님이 너무 매력적이어서 도저히 입을 다물 수
가 없었다. 그날 나는 센리큐의 다도 공간을 그대로 재현한 다이안
다실을 예약해두었다. 다이안 다실은 센리큐 사망 400주기를 기리기
위해 만든 곳이다. 본격적으로 다이안으로 들어가기 전, 스님과 나는
툇마루에서 모래 정원을 감상하며 잠시 그 순간에 몰입하고 있었다.
그때 스님이 다실 모퉁이에서 사찰에 찾아온 다른 두 방문객을 발견
했다.

한 명은 깔끔한 옷차림을 한 몹시 피곤해 보이는 남자였다. 그는
몹시 혼란스러워 보였다. 스님은 그에게 다가가 말을 걸었다. "안녕

하십니까. 긴자에서 오셨습니까?" 놀라울 정도로 친숙한 말투였다.

"아뇨, 아카사카요." 남자는 충혈된 눈을 한 채 엉겁결에 대답을 하고는 자기 대답에 확인을 구하듯 여자친구를 바라보았다. 그의 여자친구도 피곤한 기색이 역력했다.

"뭐 하시는 분인지요?" 스님이 물었다.

"상업 통신 관련 일을 하고 있습니다." 남자는 왜 스님이 이 모래 정원에서 자신의 직업을 묻는지 잘 모르겠다는 말투로 대답했다.

"네? 그게 뭡니까? 광고입니까? 아니면 물건을 파는 일입니까?"

"음…… 네." 도쿄에서 온 남자는 질문이 불편한 듯 애꿎은 양말만 쳐다보며 대답했다.

스님이 그의 직업에 대해 어떻게 생각하는지 분명해 보인다. 밤늦게까지 야근을 했음이 분명한, 어쩌면 에너지음료를 입에 달고 자정에도 라면을 먹으며 생존하는 한 남자에 대한 연민이 느껴진다.

"사찰에서 시간을 보내는 것이 당신에게 도움이 될 것 같군요." 스님이 말한다. 그리고는 내게 묻는다. "함께해도 괜찮겠습니까?"

나는 정원을 감상하기 위한 단독 자리를 예약해두었지만 어쩐지 그 자리가 지친 세 여행객을 위한 자리처럼 느껴졌다.

"물론입니다. 괜찮습니다." 나는 대답했다.

스님은 우리 세 사람을 데리고 다이안으로 갔다. 지금껏 본 다실 중 가장 작은 규모였다. 여러 나무들로 만든 작은 건물은 대단히 정교했다. 어두운 구석에는 족자가 걸린 도코노마(바닥을 한 층 높게 만들어 족자나 꽃 등으로 꾸민 공간—옮긴이)가 있다.

수백 년간 이어져온 문화와 역사를 상징하는 이 은밀한 공간에서, 나는 침묵을 깨고 와비사비에 관해 묻는다.

스님은 잠시 침묵하더니 고개를 한쪽으로 살짝 기울이며 이렇게 대답한다. "와비사비는 자연입니다. 자연스럽고 가장 진실한 상태의 것들을 의미합니다. 그게 전부입니다."

도쿄에서 온 남자는 고개를 천천히 끄덕이더니 뭔가 생각난 듯 말한다. "과연, 그렇습니다." 그리고는 이렇게 말한다. "어떻게 이 모든 길을 지나와, 그 모든 세월을 기다려, 내가 그 대답을 알기도 전에 외국인에게 이 질문을 들을 수 있었을까요?"

와비사비, 그리고 자연

스님의 설명이 있긴 했지만, 와비사비와 자연을 연관지어 설명하기란 생각보다 매우 어렵다. 무언가를 현미경으로 들여다보려고 애쓰지만 너무 가까이 있어서 초점이 맞지 않아 흐릿한 느낌이랄까? 와비사비 세계관은 자연의 근본 진리이자 생명의 순환으로 규정된다. 와비사비는 인간을 자연에서 분리하지 않고 자연의 일부로 보는 관점과 맥락을 함께한다. 와비사비와 자연은 너무도 밀접하게 관련되어 있어서 이 두 단어의 연관성을 찾으려고 애쓰다 보면 오히려 둘

사이의 관계가 흐릿하고 모호하게 보인다. 자연과 와비사비의 관계를 좀 더 명확하게 보려면 한 걸음 뒤로 물러서서 초점과 우리의 시야를 다시 조정해야 한다.

케임브리지 영어 사전에 의하면 자연의 정의는 다음과 같다. '세상에 존재하는 모든 동물, 식물, 바위 등과 날씨, 바다, 산, 어린 동물이나 식물의 탄생과 성장처럼 인간과는 독립적으로 존재하는 모든 현상이자 과정.' 그리고 '모든 물리적 생명에 책임이 있는 힘이자 때로는 인간으로도 일컬어진다.' 한편 일본 고지엔 사전에서는 자연을 단순히 '있는 그대로의 것들'이라고 정의한다.

본질적으로 와비사비를 경험한다는 것은 있는 그대로의, 진정한 자연의 아름다움에 직관적으로 반응한다는 의미다. 모든 것이 덧없고, 불완전하고, 미완의 상태임을 일깨워주는 그런 아름다움이다. 종종 자연에 있을 때 와비사비를 느끼는 경우가 있다. 그래서 자연에서 보내는 시간에는 강력한 힘이 있다. 자연에 있노라면 우리가 기적의 일부가 된 듯한 기분이 들 때가 있다. 처리해야 할 업무들, 집안일, 어깨를 짓누르는 책임들에서 잠시 벗어나 와비사비를 거울처럼 비춰주는 생명의 장엄함을 바라보노라면, 그 거울 속에서 설핏 우리의 모습을 보게 된다.

자연은 내 머리 모양이 어떤지 신경 쓰지 않는다. 산은 내 직책이 무언지에 관심 없다. 강물은 내 인스타그램 팔로워 수가 몇 명인지, 월급이 얼마인지, 내가 얼마나 인기 있는 사람인지에 대해 아무 관심

없이 그저 무심히 흐른다. 실수를 저질렀건 말건 꽃은 활짝 핀다. 자연은 그렇게 있는 그대로의 나를 받아준다.

와비사비를 경험하는 능력은 이러한 진실의 순간들에 맞닿게 해준다. 아무 조건 없이 그대로 수용되는 자연 속의 그 순간을 온전히 느끼게 해준다.

예술 속 자연

어느 교수에게 '자연과 더불어 산다'라는 말을 일본어로 어떻게 옮기면 좋을지 물어보자 '시젠오 메데루自然を愛でる'라고 알려준 적이 있다. 이 말을 정확히 옮기면 '자연 사랑하기'다.

자연에 대한 애착은 문학작품에서도 드러난다. 『겐지 이야기』는 약 천 년 전, 무라사키 시키부가 쓴 일본 고전문학으로 자연과 계절의 변화에 관한 이야기들로 가득하다. 세이 쇼나곤의 『마쿠라노소시』는 '봄, 동틀 무렵'이라는 문구로 시작된다. 헤이안 시대 대표적인 이 작품은 첫 부분부터 작가가 계절별로 좋아하는 것들에 관해 상세히 기술하고 있다. 『마쿠라노소시』는 천 년이 지난 지금까지도 일본에서 사랑받는 고전 문학이다.

자연에 관해 글을 쓸 때는 특정 공간 이야기만 하는 것이 아니라 시간에 담긴 정서를 중요하게 여긴다. 이러한 특징은 계절에 관한 언급이나 함축된 언어들, 일시성에 관한 관찰 등으로 드러난다. 일시성은 두 가지 방식으로 표현되곤 하는데 하나는 한때 존재했지만 더 이상 존재하지 않는 것에 대한 것이고, 또 다른 하나는 지금은 존재하지만 더 이상 존재하지 않게 될 어떤 것에 대한 덧없음에 대한 것이다.

목판화가 가쓰시카 호쿠사이의 작품들에서부터 애니메이션 감독 미야자키 하야오의 작품들에 이르기까지 일본의 예술과 문학 곳곳에는 자연이 담겨 있다.

2장에서도 언급했듯 건축 역시 자연의 영향을 크게 받았다. 자연을 가꾸는 것 역시 일본 전통문화의 큰 축이다. 일본식 꽃꽂이 이케바나, 나무를 작게 키우는 분재, 다도 등이 여기에 해당된다. 일본의 전통악기인 샤쿠하치는 대나무로 만든 피리다. 물 흐르는 소리에서부터 으스스한 바람 소리, 거위 우는 소리, 비가 세차게 내리는 소리 등 다양한 자연의 소리가 난다.

언어 속 자연

사람이나 장소 이름에도 자연과 관련된 말들을 자주 사용한다. 지도를 대충 훑어보기만 해도 아키타(가을 벼), 지바(천 개의 나뭇잎), 가가와(향기로운 강) 등의 이름을 쉽게 찾을 수 있다.

남자 이름에는 아사히(아침 해), 하루(맑은 날) 등이 있으며 여자 이름에는 아오이(접시꽃), 안(살구), 미오(아름답게 만발한 벚꽃) 등이 있다. 이름뿐 아니라 성에도 고바야시(작은 숲), 야마모토(산의 근본)처럼 자연을 의미하는 말들이 사용된다.

자연에서 일어나는 특별한 현상을 의미하는 아름다운 단어들도 있다. '고모레비'는 나뭇잎 사이로 비치는 햇살을 의미한다. '고가라시'는 초겨울 찬바람이다. 비 내리는 것을 표현하는 말은 최소한 50가지가 넘는다.

의성어도 매우 광범위하게 사용되는데, 이 의성어 중에는 자연의 소리를 표현하는 단어들도 상당히 많다. '자라'는 세차게 내리는 비를, '고포고포'는 졸졸 흐르는 물을, '휴휴'는 거세게 부는 바람을 표현하는 말이다.

계절을 맞이하다

계절에 맞는 의식이 있으면 자연의 주기를 아름답게 맞이할 수 있고, 삶을 스쳐가는 시간도 느낄 수 있다.

내게는 무척이나 아름다운 추억으로 남은 분이 있다. 시골 마을에 살 때 이웃이었던 사카모토 할머니다. 80대 후반의 나이에도 늘 유쾌했던 사카모토 할머니는 곶감 만드는 법을 알려주셨다. 단단한 감을 골라 껍질을 벗긴 후 긴 실로 줄줄이 꿰서 대나무 막대에 걸어두면 된다. 첫 주에는 감을 만지면 안 되지만 첫 주가 지나고 다음 3주 정도는 감을 부드럽게 주물러주어야 한다. 그렇게 하면 감에서 과당이 우러나와 설탕을 뿌린 것처럼 하얗게 감 표면을 덮는다. 이렇게 만든 곶감은 녹차와 잘 어울린다.

사카모토 할머니는 어릴 때부터 거의 80년 동안 이렇게 음식을 준비하며 계절을 맞았다. 그녀에게 곶감은 가을이었다. 그렇다면 이 모든 것이 자연과 어떻게 연결되어 있는 걸까?

자연이 주는 영감의 햇살 한 줄기가 지금 이 순간 그 안에 담긴 덧없는 아름다움을 느끼고 감상할 수 있도록 해준다. 봄, 여름, 가을, 겨울, 사계절이 일상이라는 담요에 촘촘히 짜여 있다. 봄이 오면 벚꽃이 만발하고 하나비(불꽃놀이)가 시작된다. 여름에는 이런저런 축제들이 열리고 사람들은 반딧불이를 찾아다니며 강가를 거닌다. 가을에는 보름달을 즐기고 단풍이 물드는데, 특히 밤에 조명을 받은 단풍나무들은 너무나 아름답다. 겨울은 고요한 눈의 아름다움으로 우리를 안내한다. 음식에서부터 각종 장식에 이르기까지, 아주 작은 것들에서도 계절을 뚜렷하게 느낄 수 있다.

이렇게 자연을 가만히 관찰하는 것, 자연과 관련된 다양한 의식과 전통, 일상에서 계절을 맞이하는 수천 가지의 소소한 일들이 와비사비가 사람들의 가슴속에 깊이 뿌리내릴 수 있는 이유가 아닌가 싶다.

계절과 함께 살아감을 느끼게 해줄 몇 가지 질문들

다음은 일 년 중 어느 때든지, 세상 어느 곳에 있든지, 그 순간 자신을 둘러싼 세상에서 벌어지는 일들을 즉시 알아차리도록 해주는 질문들이다. 온 감각을 동원해 세세한 것들까지 생각하고 느껴보길 바란다. 이 과정들을 돌아 다시 일 년 후가 되면, 계절이 세상을 바꾸는 방식을 깨닫게 될 것이다.

- 날씨는 어떤가? 습도, 바람, 햇빛 등 지금 내가 있는 곳의 날씨를 구체적으로 생각해보라.
- 빛은 어떤가?
- 밤하늘은 어떤가?
- 어떤 꽃과 식물이 피었는가? 활짝 피었는가? 시들어가는가? 이미 시들었는가?
- 최근 어떤 동물을 보았는가?
- 지금 계절에 제철 재료는 무엇인가?
- 최근 외출할 때 어떤 옷을 입었는가?
- 이 계절에 어울리는 색은 무엇인가?
- 이 계절에 어울리는 소리는 무엇인가?
- 이 계절에 어울리는 냄새는 무엇인가?
- 이 계절에 어울리는 질감은 무엇인가?

- 지금 어떤 감정인가? 기분이 어떤가?
- 건강 상태는 어떤가? 기운이나 기력 수준은 어느 정도인가?
- 지금 당장 어떤 자기 관리가 필요한가? 그것을 어떻게 계절과 조화시킬 수 있는가?
- 최근 기념한 전통이나 의식은 무엇인가?
- 기억 속으로 들어가 보자. 어릴 때 집이나 살던 지역에서 자연과 관련된, 혹은 계절과 관련해 행하던 관습이나 전통이 있는가? 그런 관습을 현재의 삶에 어떻게 적용할 수 있는가?
- 이 특별한 계절을 어떻게 온화하게 기념할 수 있을까?

계절의 순환을 따라

'낙엽 한 잎을 보고 가을이 왔음을 알게 된다'는 말이 있다. 한 가지 변화를 보고 전체적인 흐름을 파악할 수 있다는 의미다.

인공 빛으로 낮을 늘리고, 전자 장치에서 나오는 청색광이 신체의 바이오리듬을 방해하고, 오늘은 그저 또 다른 평일이라는 생각으로 생산성을 높이기 위해 자신을 힘겹게 밀어붙이는 현대의 삶은 자연의 징표들을 늘 가로막는다. 몸이 이제는 쉬어야 할 때라고 혹은 나가서 여름날의 햇빛을 쬐어야 할 때라고 아무리 신호를 보내고 신경 쓰지 않고 무리하게 일을 한다. 그리고는 왜 몸이 이렇게 아픈지 의

아해한다.

계절은 우리에게 그렇게 힘겹게 밀어붙이지 않아도 된다고 규칙적으로 상기시켜주곤 한다. 밀 때가 있으면 당길 때도 있어야 한다. 넓힐 때가 있으면 응축시켜야 할 때도 있다. 힘을 들일 때가 있으면 쉴 때도 있어야 한다. 창작의 시간도 필요하고 영감을 찾을 시간도 필요하다. 시끄러운 시간도 필요하고 침묵의 시간도 필요하다. 집중해야 할 시간도 필요하고 꿈을 꿀 시간도 필요하다. 밀물이 있으면 썰물도 있다. 피기도 하고 시들기도 한다. 자연은 이렇듯 대비를 이룬다. 와비사비는 우리를 자연의 주기에 맞춰준다. 계절의 순환에, 올해 찾아온 지금 이 계절에, 오늘 하루 중 지금 이 순간에 집중하게 해준다.

숲이 주는 치유

눈 덮인 숲 바닥에 얼굴을 대고 누워, 먼 곳에서 들려오는 물 흐르는 소리를 들으며 하늘을 나는 새를 바라본다. 늦겨울 햇빛에 색이 바랜 앙상한 나뭇가지는 하늘과 맞닿아 있다.

지금 내가 있는 곳은 비와호 가장자리에 있는 작은 마을, 다카시마다. 나는 이곳에서 산림욕을 하는 중이다. 산림욕은 우리가 익히 잘 알고 있는 '나무가 우리를 건강하게 해준다'는 사실을 과학적으로 입증하고 있다.

삶의 속도가 빨라지고 강박적 위생관념이 팽배해지면서 많은 사람들이 자연과 단절감을 느끼며 뭔가 중요한 것을 잃어버린 듯한 허전함을 느낀다. 오래전부터 숲에 머물면 몸과 마음이 차분해진다는 사실을 모두가 잘 알고 있었지만, 전문 과학 학술지에서 산림욕을 치유의 개념으로 무게를 두기 시작한 것은 불과 십여 년 정도밖에 되지 않는다. 이후 '숲 치유'라는 표현이 사용되기 시작했다. 과학 학술지들은 산림욕이 정신 건강을 증진시키고, 신체의 면역체계를 활성화시키며, 스트레스와 심박수, 혈압 등을 낮춘다고 언급했다.

이는 숲의 차분한 분위기나 산림욕과 함께하는 가벼운 운동 때문이기도 하지만 나무와 직접적인 접촉도 큰 영향을 미친다. 한 연구에 의하면 실험 참가자들은 산림욕을 한 후 NK세포Natural Killer Cell가 뚜렷하게 증가했다고 한다. NK세포는 바이러스에 감염된 세포나 암세포를 직접 파괴하는 면역 세포인데 이 효과가 산림욕을 한 후 일주일이 지난 후까지 지속되었다고 한다. 이 외에도 많은 연구들이 산림욕의 효과로 면역 체계의 증가를 이야기한다. 이는 식물과 나무에서 발생하는 피톤치드에 노출된 영향이기도 하다.

다시 돌아온 숲. 아직 차가운 공기가 남아 있다. 나무들은 아직 거무스름하고 앙상하다. 나뭇잎이 거의 없는 탓에 새 둥지들이 쉽게 눈에 띈다. 나무 위 새들을 바라본다. 동고비로 보이는 새들은 이 나뭇가지에서 저 나뭇가지로 경쾌하게 옮겨 다니며 즐거이 노닐고 있다.

우리를 이끌어주는 시미추 씨는 직장에서 은퇴한 후 숲 치유 전문가가 되어 그 지역 동물과 식물의 생태에 관한 해박한 지식을 쾌활하게 들려주고 있다. 머리부터 발끝까지 붉은색으로 차려입은 그는 허리춤에 녹차가 든 물병을 차고, 목에는 청진기를 두르고 있다. 나무의 수액 흐르는 소리를 듣기 위해서다.

사계절 내내 숲을 다니는 그는 숲의 비밀도 훤히 알고 있다. "이리 와서 이 이끼 좀 보세요." 시미추 씨가 돋보기를 내밀며 부른다. 시미추 씨는 천천히 걸으면서 온 감각을 동원해 세상의 아주 작고 세세한 곳까지 느끼고 보게 도와준다.

우리는 작은 개울가에서 손을 씻었다. 손으로는 차가운 물의 감촉을 느끼고, 귀로는 낮은 폭포에서 떨어지는 물소리를 듣는다. 곧 침묵 수련이 시작될 것이다. 우린 한 지점을 정해 우선 가장 먼 곳을 보고, 그다음엔 중간 지점을, 그다음엔 점점 더 가까운 곳을 보면서 우리가 초점을 어디에 맞추느냐에 따라 풍경이 어떻게 변하는지를 천천히 관찰했다.

어떤 숲 치유 수업에서는 플루트 연주를 듣기도 한다. 해먹에 누워 나무가 뿜어내는 치유의 힘에 흠뻑 빠져 명상을 하기도 하고, 맨발로 낯선 땅의 감촉을 느끼기도 한다. 숲 치유 수업은 지역과 가이드, 계절에 따라 다르게 진행된다.

"우리 몸은 분명 자연을 고향으로 인식하고 있다. 도시에 사는 사람들의 수가 점점 증가하는 현대사회에서 이 사실은 더욱 중요하다." 미야자키 요시후미 교수가 한 말이다. 지바 대학교 '환경 및 건강, 필드 과학 센터' 부회장인 미야자키 교수는 산림욕의 과학적 증거를 설명하기 위해 '숲 치유'라는 표현을 제안했다. 그의 연구에 의하면 15분 동안 숲을 걷기만 해도, 긴장이 완화되고, 스트레스 수치와 혈압이 낮아지고, 일반적인 행복감이 증가한다.

미야자키 교수는 이렇게 말한다. "우리의 행복에 이로운 영향을 주는 것은 숲만이 아니다. 다른 자연의 자극들, 가령 공원이나 꽃, 분재, 심지어 나무 조각조차도 사람들의 스트레스를 줄여주고 긍정적인 효과를 발휘한다. 도시 거주자들도 얼마든지 이런 효과를 누릴 수 있다."

과학적 증거가 있는 숲 치유의 원칙들은 걷기, 등산, 나무 아래서 하는 요가, 나무 오르기, 나무 껴안기, 나무와 대화하기, 나무에 기대앉아 일기 쓰기 등으로 얼마든지 넓게 확장될 수 있다.

산림욕은 복잡한 과정이나 장비, 규칙 없이 혼자 혹은 소수의 사람들과 호젓하게 하는 것이 좋다. 오로지 나와 나무만, 혹은 요가매트 한 장 정도만 가지고 나만의 리듬을 찾아 자연과의 깊은 유대감을 느끼는 방식을 권한다.

현대사회를 살아가는 우리는 집, 자동차, 사무실 등과 같이 살균처리가 잘된 네모반듯하고 폐쇄된 상자에서 너무도 많은 시간을 보낸다. 잠시 그 상자에서 나와 자연 속으로 들어가 감각을 섬세하게 일깨우면 생의 소중함이 느껴진다. 때론 진정한 아름다움을 드러내기 위해 거추장스러운 껍데기를 모두 벗어야 할 때도 있다. 물건을 모으는 것이 인생의 전부가 아님을 성찰하려면 때론 단순해질 필요가 있다. 우리가 자연의 일부임을 기억하려면 새 지저귀는 소리와 광활한 하늘이 필요할 때가 있다. 있는 그대로의 자연은 우리의 일부다. 숲은 우리의 마음과 귀를 열어준다.

산림욕을 위한 몇 가지 조언

다음은 나무들 사이를 거니는 산림욕을 위한 몇 가지 조언이다. 숲에 갈 때 기억해두자.

- 천천히 걸어보라. 일단 평소 속도의 절반으로 낮추라. 그리고 그 속도를 다시 절반으로 낮추라.
- 그 순간에 충실하라. 전화기는 잠시 넣어두자.
- 온 감각을 동원해 주위를 느껴보자. 발밑에 느껴지는 땅의 감촉, 공기의 냄새, 나무 사이로 부는 바람, 햇빛과 그림자 등을 온몸으로 느껴보자. 위를 보고 아래를 보고 주위를 둘러보자.
- 귀에 손을 갖다 대고 숲의 소리에 더욱 귀 기울여보자. 어떤 소리가 들리는가? 그 소리는 어디에서 오는가? 낮은 음인가 높은 음인가? 가까운 곳에서 들리는가, 먼 곳에서 들리는가?
- 만져보라. 나무껍질과 나뭇가지, 나뭇잎을 각각 만져보고 그 차

이를 느껴보라.

- 생명의 순환이 이루어지는 곳을 찾아보자. 새로운 생명이 태어난 곳은 어디인가? 사라져가는 곳은 어디인가?
- 깊게 호흡하라. 어떤 냄새가 나는가?
- 하늘을 보라. 순간을 보라. 색을 보라. 얼마나 많은 색들이 눈에 들어오는가? 색의 변화를 감지할 때까지 오래도록 하늘을 보자.
- 먹어도 안전한 것들을 구분할 수 있다면, 산딸기나 나물 등을 감사한 마음으로 맛보자.
- 숲에 떨어진 선물을 가까이 관찰해보자. 무엇이 보이는가?
- 여럿이 산책을 하더라도 잠시 동안 침묵하는 시간을 가져보자. 사실, 혼자일 때보다는 여럿일 때 이런 시간을 갖는 것이 더 좋다. 조용히 사색하며 기지개를 켜거나, 나무에 기대 앉아 가만히 있어보자.
- 신발을 벗고 맨발로 땅과 개울물의 감촉을 느껴보라.
- 숲에 있는 동안 내 감정의 상태를 관찰해보자. 서두를 것 없다. 최대한 오랫동안 그 순간에 머물러보자.
- 가만히 생각하기 좋은 지점을 찾아 그곳에서 시간을 보내보자. 그곳에 대한 이야기를 만들어보자. 다른 시간 다른 계절에 그곳을 다시 찾았을 때, 어떤 변화가 있는지 살펴보자.

근처에 당장 갈 수 있는 숲이 없다면 디퓨저에 사이프러스 오일이나 향나무 오일을 몇 방울 떨어뜨리거나, 집에 식물을 놓아봐도 괜찮다.

단 한 번뿐인 순간들

1월의 어느 흐린 아침, 이 책에 필요한 자료를 찾기 위해 옥스퍼드 대학의 보들리언 일본 도서관에 가는 길이었다. 무심코 올려다본 하늘에는 무지개가 하나도 아니고 두 개가 떠 있었다. 한 번도 본 적 없는 축복받은 풍광에 경외심마저 들었다. 나는 그 자리에 꼼짝 않고 서서 무지개 색이 강렬해졌다가 서서히 흐릿하게 사라지는 광경을 지켜보았다. 한 10대 소년이 손에 쥔 휴대폰만 바라보며 내 쪽으로 걸어오다가 나와 부딪힐 뻔했다. "저기 좀 봐." 나는 소년의 어깨를 톡톡 치며 하늘을 가리켰다. 나만 보기는 아까운 풍경이었다. "와!" 소년은 감탄하며 내 옆에 나란히 섰다. 서로 알지 못하는 두 사람이 쌍무지개가 뜬 완벽한 순간을 함께했다. 몇 분 후 무지개는 사라졌다.

자연은 기적의 원천지다. 만물이 정교하고 섬세하게 성장하는 모습, 놀라운 회복력, 나타났다 사라지는 덧없는 아름다움. 잠시만 멈춰서 바라보면 이 모든 축복들은 우리에게 우리 자신의 삶이 얼마나 속절없이 지나가는지, 얼마나 아름다운지를 일깨워준다.

- 자연은 우리 생이 무상함을 일깨워준다.
- 계절이 지나가는 매 순간 집중하는 것이 현재에 머무는 방법이다.
- 자연의 주기는 삶의 주기를 깨닫게 해준다. 성큼성큼 나아가야 할 때 와 느긋하게 쉬어야 할 때를 알게 해준다.

4장. 받아들임, 내려놓음

우리를 독창적으로 만드는 것은
불완전함이며,
우리를 아름답게 만드는 것은
저마다 지닌 개성이다.

교토에 갈 때마다 모든 풍경이 익숙하면서도 낯설게 느껴진다. 새로 올라간 건물들이 있는가 하면 무너진 건물들도 있다. 새로 생긴 상점도 있고 사라진 상점도 있다. 한때 가장 좋아하던 카페에는 다른 카페가 들어섰다. 세월이 흐르면서 교토는 전쟁과 지진, 화재와 관광객 등으로 끊임없이 변했다. 물론 계절의 변화도 이곳 일상의 일부가 되어 시간이 흐르는 것을 시각적, 정서적으로 끊임없이 확인시켜준다.

얼마 전, 도쿄에 사는 오래된 친구를 만났다. 10년 만에 만난 우리는 소리를 지르며 반가워했다. "어쩌면, 하나도 안 변했네." 물론 우리는 10년이 넘는 세월을 보낸 후 많이 변해 있었다. 마지막으로 이 친구와 만난 이후 나는 결혼을 했고, 아이도 둘 낳았고, 사업도 시작했으며, 내가 기억하는 횟수보다 더 많이 이사를 했다. 친구는 외국에서 살면서 직업도 바꾸고, 병마와 싸우고, 부모를 잃고, 새로운 언어를 배웠다. 이런 경험들이 지금의 우리를 만들고 있다. 때론 조금씩, 때론 크게 변화시키면서.

모든 것은 변한다

우리의 삶, 인간관계, 일, 건강, 재정, 태도, 관심, 능력, 책임감, 기회 등은 늘 변한다. 때론 그 변화가 돌풍이 불어닥치듯 강렬하고 빠르게 지나가기도 하고, 태양을 향해 고개를 드는 수선화처럼 조용하고 느리게 찾아오기도 한다. 그럴 때면 아주 가까이 그 변화를 관찰해야 한다.

영원히 변치 않고 머무는 것은 없다. 인간도 그렇다. 와비사비는 우리에게 덧없고 무상한 것이 모든 자연의 본질임을 일깨워준다. 변화는 피할 수 없으며, 과거나 현재를 붙잡으려 애쓰는 행위는 부질없고 괴롭다.

오랜 세월 나는 삶에서 중요한 변화를 겪는 이들을 지지하고 응원하는 일을 해왔다. 그러면서 사람마다 변화를 대하는 태도가 얼마나 다른지를 깨달았다. 양극단의 한쪽에는 지금 상태가 별로 마음에 들지 않는데도 변화가 두려워 현재 상태를 유지하기 위해 온 힘을 쏟아 붓는 이들이 있다. 또 다른 한쪽에는 변화를 습관적으로 탈출 장치로 받아들이는 이들도 있다. 그들은 조금만 상황이 어려워지면 곧장 다른 변화를 꾀하며 나중에는 진득하게 한곳에 붙어 있지 못했노라고 자책하곤 한다. 그리고 그 중간 즈음에 변화의 필요성을 인식하고 진정으로 변화를 포용하는 다수가 있다. 하지만 중간에 있는 사람들도 변화를 두려워한다. 여러분은 이 스펙트럼 어디에 위치해 있는가?

나는 친구의 집에서 붉은 쌀과 니모노(연한 육수에 채소를 조려서 만드는 일본 음식—옮긴이)를 먹으며 세월의 무상함을 이야기했다. 친구는 정원에 조성된 작은 대나무 숲을 가리키며 말했다.

여기에서도 변화는 보여. 대나무는 늘 조금씩 자라고 있어. 환경의 변화에도 아주 민감하지. 대나무는 단단하게 뿌리내리고 있지만 유연해. 바람이 불면 버티지 않거든. 그냥 바람이 흘러가도록 내버려 두면서 바람에 따라 움직여. 그 와중에도 숲은 계속 자라고. 이렇게 지진이 잦은 땅에 있는 건물들을 생각해봐. 지진에 살아남은 건물들은 땅이 요동칠 때 그 흐름을 따라 같이 움직인 건물들이야.

안정감은 든든한 느낌을 준다. 하지만 그 안정감은 상황이 변하지 않을 것이라는 잘못된 믿음 위에 아슬아슬하게 버티고 선 위태로운 감정이다. 모든 것은 변한다. 외부에서 갑자기 찾아온 변화, 가령 정리해고, 상실, 뜻밖의 사건, 질병 등을 겪게 되면 그 충격은 이루 말할 수 없이 크다. 이런 상황에서 단단하게 버티는 태도는 오히려 우리를 약하게 만든다. 상황에 필사적으로 매달려 있을 때 갑작스러운 일들이 닥치면 쓰러질 수도 있다. 하지만 지금 일어나는 상황을 받아들인다면 (혹은 지금 일어나고 있는 일을 현실적으로 인식한다면) 넘어지더라도 완전히 쓰러지지 않고 금방 회복할 수 있다. 유연할수록 강하다. 바람에 따라 움직이는 대나무처럼.

과거 받아들이기

과거에 사로잡혀 있으면 시간은 빠르게 흐른다. 향수에 젖거나 깊은 후회에 빠져 과거 다른 선택을 하지 않았던 스스로를 원망하기도 한다. 하지만 지금 내가 알고 있는 것을 그때는 알지 못했다. 지금과는 상황도 달랐고 책임의 무게도 같지 않았다. 어쩌면 외모나 자존감, 용기, 누군가의 지지 등도 달랐을지도 모른다. 과거 찬란했던 시절에 연연하는 이도 있다. 모든 일이 지금보다 쉬웠고 더 나았던 때를. 하지만 과거는 여기 없다. 무슨 일이 있었든지 간에, 좋은 과거였건 나쁜 과거였건 다 흘러갔다.

자신을 자꾸만 과거로 잡아끄는 무언가가 있다면 그것과 잠시 시간을 보낸 후 놓아주자. 어렵게 느껴질 수도 있다. 하지만 의외로 결심과 실천은 아주 단순한 일일 수도 있다. 일단 종이에 적으라. 필요하다면 적은 것을 소리 내어 읽거나 친구에게 들려주라. 그리고 하루 날을 골라서, 가령 생일이나 계절이 바뀌는 때, 새해, 돌아오는 화요일 등 편한 날을 골라 과거에 있었던 특정한 일을 놓아주는 날로 정해보자. 그 일을 계속 신경 쓰는 건 오직 자기 자신뿐이다.

와비사비는 과거를 있는 그대로 받아들이라고 말한다. 지금은 현재고 지금 이 순간의 모습이 현재 그 자체다. 우리 삶은 바로 이곳에서 이루어지고 있으며, 매일매일은 남은 생의 첫날이다.

현재 받아들이기

받아들인다는 것은 현재 이 순간의 진실과 함께한다는 의미다. 지금 이 순간 우리 삶에서 진정 중요한 것은 무엇인가? 어쩌면 여러분은 지금 다른 문화와 새로운 개념에 마음을 열고 이 책을 읽고 있을 수도 있다. 좋아하는 차를 마시고 있을지도 모른다. 혹, 열린 창문으로 자동차가 질주하는 소리가 들릴지도 모른다. 햇빛이 책상에 그림자를 길게 드리우는 시간과 마주한 이도 있을 것이다. 누군가는 미용실에서 머리 손질을 받으며 특별한 날을 준비하고 있는지도 모른다. 아니면 누군가와 좋은 대화를 나눈 후, 열띤 토론을 한 후, 이제 막 이 책을 펼쳤을 수도 있다. 어떤 이는 버스에서 이 책을 읽고 있을 수도 있고, 또 어떤 이는 오븐에서 파이를 굽다 이 책을 읽을 수도 있다.

지금 이 책을 읽고 있는 여러분이 더운 곳에 있는지, 추운 곳에 있는지, 온도가 딱 적당한 곳에 있는지 궁금하다. 음식 냄새가 나는지,

정원의 풀 냄새가 나는지, 비 내음이 나는지 궁금하다. 혹시 음악을 듣고 있는가? 시계가 재깍재깍 소리를 내고 있는가? 오로지 숨소리만 들리는 조용한 욕조에 온몸을 담그고 있는가?

아주 잠시만 시간을 내서 여러분의 삶이 지금 바로 이 순간에 존재한다는 사실을 음미해보길 바란다. 이 순간은 지금 여러분이 살고 있는 현재다. 이 순간을 영원히 늘일 방도는 없다. 시간이 지나면, 파이는 다 구워질 것이고, 욕조 물은 차갑게 식을 것이며, 밤이 올 것이다. 지금 이 순간을 붙잡지도 통제하지도 못한다는 사실을 일깨워주는 것이 와비사비다. 와비사비는 지금 이 좋은 순간을 소중히 여기라고, 나쁜 순간은 지나갈 것이라고 말해준다.

스트레스받고, 걱정되고, 화나고, 상실감을 느끼고, 외로운 모든 순간 지금의 현실에 푹 빠져보자. 지금 내 몸에서 무슨 일이 일어나고 있는지, 내 주위에서는 무슨 일이 벌어지고 있는지를 살펴보자. 지금의 감정을 고스란히 느껴보자. 이것은 단지 순간일 뿐이고 곧 다른 순간이 올 것이라는 사실을 기억하자.

어떤 감정에 압도당해 있을 때, 현재 할 수 있는 일에는 한계가 있다는 사실을 받아들이자. 오직 할 수 있는 일만 할 수 있다. 가능성을 닫아두라는 말이 아니라 지금 나의 능력을 정확히 인지하라는 뜻이다. 그래야 불가능한 일을 기대하지 않고 내 자신을 잠시 쉬게 할 수 있다.

현재의 즐거움을 온전히 인식하고 흠뻑 몰입하라. 지금 이 순간의 풍경, 소리, 냄새에 푹 빠져보라. 그래야 과거가 될 지금이 소중한 추억으로 남을 수 있다.

만족의 비결

나는 아직도 교토에 있는 료안지 사찰의 쓰쿠바이(돌로 된 물그릇—옮긴이)를 처음 본 순간을 또렷이 기억한다.

19세, 나는 어학원에서 수업을 마치고 집으로 돌아가는 길에 한 사찰 앞에 멈춰 섰다. 사찰 건물 뒤로 돌아가니 유명한 돌 정원이 있고 한편에 쓰쿠바이가 놓여 있다. 이끼가 두텁게 내려앉아 녹색이 된 돌그릇이다. 하지만 가만히 들여다보면 그것이 일반적인 돌그릇이 아니라는 사실을 알 수 있다. 사찰을 찾는 모든 이들이 이 돌그릇 앞에 멈추고, 웅크리고 앉아 대나무로 만든 국자를 집어든 다음, 물을 조금 담아 그 물로 손을 씻는다. 그리고 그 순간 짧은 생각에 잠긴다. 많은 이들이 이 쓰쿠바이 사진을 찍는다. 여기서 손을 씻는 것은 단순히 의식적으로 씻는 행위 그 이상의 의미일 것이다. 나는 왜 다들 이곳에서 이렇게 손을 씻고 사진을 찍고들 하는지 알고 싶었다.

가까이 들여다보니 물그릇은 둥근 모양에 가운데가 엽전처럼 네모지게 되어 있었고 각 변에 한자가 쓰여 있었다. 생소한 한자도 있었지만, 맨 위 한자는 알아볼 수 있다는 사실에 뿌듯해졌다. 그 한자는 숫자 5를 의미했다. 다른 한자들은 읽지 못했다. 나는 도대체 무엇이 이 사찰을 찾는 이들의 발걸음을 잡아두는지 몹시 궁금했다. 어렵게 용기를 낸 나는 스님 한 분에게 쓰쿠바이를 가리키며 그 의미를 물었다.

스님은 대답했다. "와레 다다 다루오 시루." 숫자 5를 의미하는 말은 없었고 나는 여전히 그 의미를 파악하지 못했다. 나는 쓰쿠바이에 쓰인 한자들을 그려 집으로 가져가 하숙집 주인 아주머니에게 물었다.

마침내, 네 한자의 의미를 알게 되었다. 네 변에 쓰인 한자들을 모두 합하면 '오유지족吾唯足知'이다. 스님이 '와레 다다 다루오 시루'라고 말했던 바로 그 뜻이 된다. 직역하면, '나는 오로지 만족할 줄 안다'는 선종의 지혜다.

이 말은 늘 그곳에 있다. 이는 마음을 파고드는 지혜다. 내가 이미 가지고 있는 것이 무엇인지를 잘 아는 것이 만족의 비결이다. 그저 수용하고, 신뢰하고, 포용하기만 하면 된다.

완벽의 의미

광고 속에서 '완벽한 삶'은 끝도 없이 판매되고 있다. 그런 광고들은 괴로운 감정과 힘들게 얻은 경험을 모두 제거한 후, 예측 가능하고 그럴듯하게 보이는 인간의 경험만을 판매한다. 빛나는 머릿결, 완벽하게 손질한 손톱, 주름 한 점 없이 행복한 표정을 짓고 있는 사진, 해변에서 달리기, 그림 같은 집에 앉아 있는 모습, 말끔하게 손질된 손, 주름 하나 없는 피부의 친구들과 브런치를 먹는 모습, 혹은 인스타그램 피드에 올라오는 세련되게 가꾼 완벽한 집 사진, 완벽하게 예의 바른 아이들, 완벽하게 다듬어진 몸매……

신상 가방만 있다면, 근사한 자동차만 있다면, 고급 헬스장 회원권만 있다면 우리의 삶도 완벽해질 수 있을 것만 같다. 하지만 여기에는 간과된 사실이 있다. 광고는 세트장에서 제조된 순간들을 보여주고 있을 뿐이며, SNS에 올라오는 세련된 사진들은 실제 있는 삶이 아니라 신중하게 고르고 고른 상표를 과시하는 것들이다.

마케팅 전문가들은 힘든 것이 잘못된 것이라는 인식을 심어준다. 어떻게 보면 그들은 우리의 삶이 왜 고단한지 교묘하게 알려주는 것 같다.

사실 우리도 이것을 잘 안다. 그럼에도 불구하고 우리는 진정으로 중요한 것을 알아내는 데 시간을 쓰지 않고 우리의 마음을 빼앗아간 완벽함들을 추구하기 위해 빚을 지고, 그 빚으로 마음의 허기를 채운다.

료안지에서 만난 스님은 온화한 미소를 지으며 녹차를 건네더니 이렇게 말했다.

산다는 건 고통입니다. 아픈 것도 고통입니다. 늙는 것도 고통입니다. 죽는 것도 고통입니다. 우린 이 중 그 무엇도 피하지 못합니다. 이것들에 맞서려고 하면 그 고통들이 뒤엉켜 제대로 대처할 능력을 지연시키고 말지요. 지금 일어나고 있는 일들을 있는 그대로 포용하면 삶과 더불어 흘러갈 수 있습니다. 사람들은 선 사상이 그저 차분함, 덧없음, 더없이 좋은 상태를 유지하고 살아가는 것이라고만 생각하지요. 하지만 사실 선 사상은 불행, 외로움, 걱정, 괴로운 감정 등과 같은 어려움을 어떻게 마주하느냐에 관한 철학입니다. 인생이 내 앞에 툭 던져놓은 것에 어떻게 대처하는지를 배우고, 그 중심에 있는 것을 진정으로 수용하는 거지요.

수용은 포기나 굴복이 아니다. 지금 일어나고 있는 일을 직시하고 진실을 인정하는 것이며, 다음에 벌어질 일을 결정하는 데 적극적인 역할을 하는 것이다. 가령, 지금 여러분이 아프다고 생각해보라. 받아들인다는 것은 내가 아프다는 사실과 내 신체가 온전하지 않다는 사실을 인지하고, 몸을 치유하기 위해 잠시 모든 일의 속도를 늦추도록 내 자신을 허락하는 것이며, 억지로 버티지 않고, 필요하다면 다른 사람에게 도움을 요청하는 것이다.

인생의 어느 시점에 고통이 있다는 사실을 인정하면 다음 단계를 명료하고 쉽게 결정할 수 있다. 이는 몇백 년 전부터 내려온 가르침이다. 하지만 우리는 여전히 버티고 맞서려고 한다.

삶에 대한 포용을 가로막는 것은 완벽주의다. 우리는 다음과 같은 이유로 완벽주의를 이용하고 스스로를 속인다.

- 방어 수단으로
- 시간 끌기 전략으로
- 변명으로
- 일종의 통제 방식으로
- 무기로
- 판단의 잣대로
- 상처 입은 곳을 가리기 위한 가면으로
- 비판에 대한 극단적 대응으로
- 진실을 덮기 위한 용도로

여러분은 이 중 얼마나 많은 항목에 해당되는가? 완벽함이라는 개념이 이토록 해로울 수도 있다는 사실을 알고 있었는가?

와비사비가 말하는 불완전함

와비사비에서 말하는 '불완전함'은 자연의 법칙을 토대로 한다. 모든 것은 변하므로 영원히 완벽한 상태로 유지되는 것은 없다. 완벽함조차 실제로는 완전하게 되어가는 상태이므로 영원히 완벽할 수 있는 것은 없다.

우리는 이상적이라고 여기는 것들을 '완전함(완벽함)'이라고 규정 짓고 거기서 모자라는 상태를 설명할 때 '불완전함'이는 표현을 사용하곤 한다. 사전에서 '완전함'의 반의어를 찾아보면 흠이 있는, 부패한, 열등한, 2등급인, 서투른, 세련되지 못한, 망가진, 나쁜 등과 같은 어휘들이 나온다. 이쯤 되면 완전함의 반대 개념이 부정적으로 느껴지는 것도 당연하다. 불완전함이라는 단어에 수반되는 부정적 느낌 없이 이 단어를 생각하려면, 그 개념을 이상적인 상태의 반대로 사용할 것이 아니라 불완전함을 이상적인 상태 그 자체로 생각해야 한다.

불완전함은 완전함으로 가는 중간 단계가 아니다. 불완전함은 완벽함으로 가는 길에 자동차 기름이 떨어져서 멈춰서야 하는 어느 지점이 아니다. 불완전함은 우리 삶의 여정에서 성장하고 살아가는 어느 순간을 포착해 찍은 사진이다. 우리는 차를 타고 언덕길을 오르느라 정신없어서 주위를 둘러보며 지금 이 순간 내가 있는 곳의 아름다움을 바라보고 음미할 여유도 없이 살고 있다.

우리는 스스로가 모든 것을 다 알 필요가 없다는 사실을 믿고, 받아들이고, 기꺼이 말할 수 있어야 한다. 우리는 지금도 충분히 잘 알고 있다. 모든 것을 가지고 있을 필요는 없다. 모든 이에게 내가 전부가 되어야 할 필요도 없다. 소중한 사람들에게 전부인 존재가 되기 위해 최선을 다할 뿐이다. 그러면 충분하다.

이 말이 목표나 꿈이 없다는 말은 아니다. 뭔가를 추구하는 행위가 나쁘다는 의미는 더욱 아니다. 이 말은 자신이 진정으로 원하는 것이 무엇이며 왜 그것을 원하는지를 명확히 파악하라는 의미이며 물건을 끝도 없이 축적하고픈 물질적 욕망과 타인의 기대로부터 벗어나라는 의미다. 밀치고 싸우고, 이길 필요가 없는 고통스러운 싸움은 굳이 할 필요가 없다. 완벽함을 추구하는 데 들어갈 모든 에너지를 지금 이 순간의 충만한 삶에 쏟아부어야 한다. 세상을 이런 방식으로 한번 경험하고 나면 이전과는 전혀 다른 것이 보이고 전혀 다르게 느껴질 것이다.

불완전함을 드러내라

불완전함을 수용한다는 것과 타인을 받아들인다는 것은 다른 이야기다. 하지만 공통점은 있다. 자신의 나약함, 어려움, 아직 이루지 못한 꿈, 별난 유머 감각 등을 드러내면 마음의 창이 열린다. 그러면 다른 사람이 나의 진정한 모습을 볼 수 있으며 내게 유대감을 느끼게 된다.

타인을 대할 때는 머리가 아닌 가슴으로 대해야 한다. 겉모습만 보고 생각이 작동해서 만드는 판단보다는 그 판단 너머에서 작동하는 본능과 직관으로 대해야 한다. 우리의 불완전함을 타인에게 드러낼 때 그 사람도 비슷한 방식으로 우리를 대한다.

한번은 강단에서 운 적이 있다. 그런 일은 처음이었다. 무척이나 당황스러웠다. 하지만 관중들의 반응은 놀라웠다. 관중에게도 내 눈물은 뜻밖이었다. 눈물의 강의를 강연 기술로 추천하지는 않지만 그때 관중들은 나의 눈물에서 진심을 느낄 수 있었던 것 같다. 말을 하다 울면 목소리도 떨리고 이상해진다. 하지만 관중들은 그 떨리는 목소리에서 나의 불완전함을 보았고, 내 진심을 알아주었다. 숨을 곳도 없는 무대였기에 난 그저 강의를 이어나갈 수밖에 없었다. 나의 불완전함을 드러낸 그 이후 강연장 안의 에너지는 달라졌다. 사람들이 내게 마음을 연 것이다. 강연 이후 책에 사인을 받으려는 사람들 줄이 길게 늘어섰고, 그들은 자신의 이야기를 나와 나누고 싶어 했다.

자기계발 강연을 하는 사람들은 종종 이렇게 말한다. "제 인생은 엉망이었습니다. 그리고 어느 날 눈을 떴지요. 이제 제 인생은 완벽해졌습니다. 거기 계신 여러분, 특히 엉망진창인 삶을 살고 계신 당신, 저와 함께라면 놀랍고 완벽한 삶을 살 수 있습니다." 난 이 말을 믿지 않는다. 우린 모두 어느 과정 속에 있다. 어떤 이는 그 과정 속에서 반성할 기회를 갖기도 할 것이고 또 어떤 이는 그 여정에서의 발견을 누군가와 나누기도 할 것이다. 결국 우리는 모두 서로에게 무언가를 배우고 있다. 이 여정에 책임자는 없다. 모든 대답을 쥐고 있는 이도 없다. 다 책임질 수 있는 척, 모든 답을 알고 있는 척하는 사람들은 자신의 가짜 이야기를 팔거나 그럴듯한 말로 관심을 사려는 이들이다.

삶의 작은 조각들이 어떤 모양인지 알지 못한다면 그 조각들을 한데 모아 완성해나갈 수도 없다. 이 사실을 빨리 깨달을수록, 우리 자신의 불완전하고 소중한 모습을 인지하고, 나와 타인을 깊이 존중하는 시기를 앞당길 수 있다. 때론 머리가 답을 찾지 못하더라도 가슴이 그 길을 알 때도 있다.

불완전함에 감사하기

어느 눈 내리던 저녁, 히다다카야마에 살던 나는 집 모퉁이를 돌아 유토피아를 향해 가고 있었다. 그곳은 단돈 420엔(약 4,300원)이면 오롯이 나만의 시간에 푹 빠질 수 있는 대중목욕탕이었다.

목욕탕 내부는 습기가 자욱했고 양 옆으로 몸을 씻을 수 있는 공간이 나란히 있었다. 이곳에서 나는 아주 작은 의자에 웅크리고 앉아 플라스틱 대야에 물을 받아 몸을 씻는다.

머리를 감는 동안에는 보려 하지 않아도 목욕탕 안 다른 사람들의 모습이 눈에 들어온다. 나를 보는 사람은 아무도 없다. 모두들 몸매나 나이, 기타 남의 눈을 의식할 만한 요소에 전혀 신경 쓰지 않고 조용한 자신감을 드러내며 목욕탕을 걸어 다닌다. 따뜻한 욕탕에서 쑤시는 관절을 푸는 노인도 있다. 수다를 떠는 두 친구도 있다. 어린 딸을 데리고 온 어머니도 있다. 이 공공장소에서 목욕을 하며 자라온 저 어린 소녀들의 자신감은 어디에서 비롯된 건지 문득 궁금해졌다.

오랫동안 서양의 소녀들은 천편일률적인 '완벽한' 모습으로 소비되어왔다. 다행히도 변화가 시작되고 있긴 하지만 여전히 많은 이들이 그런 모습을 소비한다. 인간은 부모나 어른들이 가치 있게 여기는 것, 말하는 방식, 다른 이들과 인간관계를 맺는 법, 결정을 내리는 법 등을 보고 배운다.

문득 나는 옷을 걸치고 있지 않다는 사실이 아주 편안하게 느껴졌다. 보수적인 영국 여성에게는 지극히 드문 경험이었다. 주변 사람들이 나의 '흠'에 관심을 두지 않으면 나 역시 그렇게 된다. 그날 저녁 목욕탕에서 나는 중요한 사실을 깨달았다. 나의 불완전함에 대한 감사는 내 딸에게 주는 선물이자 내 자신에게 주는 선물이라는 사실을.

지금 존재하는 것에 집중하기

현재 하는 일에 익숙해지면 자연스레 그 일을 더 잘해낸 사람들, 즉 나보다 '앞서' 그 일을 한 사람이나 더욱 '성공적으로' 해낸 사람들에게 눈이 간다. 하지만 내가 가던 길에서 벗어나 그들의 길에 들어서서 우왕좌왕하다 보면 내 여정에서의 경험들을 놓치고 만다. 기차를 타고 여행을 하는 것과 비슷하다고 생각하면 된다. 기차를 타고 늘 동경해왔던 낯선 여행지로 가는 내내 노트북을 켜고 영화만 감상하다 보면 정작 보고 싶었던 풍경과 여정은 놓치게 되는 것이다.

분야와 시대를 막론하고 늘 나 자신보다 더 잘 아는 사람, 더 많은 일을 한 사람, 더 많은 경험, 더 풍부한 지식을 갖춘 사람이 있기 마련이다. 사람들은 자신에게 부족한 부분을 채워줄 혹은 영감을 줄 롤모델을 찾곤 한다.

자신의 불충분함을 일깨워주는 사람을 동경하고 추종하는 이유는 그들에게서 완벽함이라는 비현실적인 이상을 투영하기 때문이다. 그런 우리의 가치관과 롤모델을 바꾸어야 한다.

관심을 이미 가지고 있는 것으로 돌리고, 지금 존재하는 것, 지금 진정으로 있는 것에 자신을 단단히 묶어두어야 한다. 사랑, 웃음, 다정한 말들, 조용한 아름다움 이런 소소한 것들이 우리 삶을 두텁고 풍요롭게 해준다.

불완전함에서 찾는 아름다움

도공이 같은 모양의 그릇을 여러 개 빚을 때 가장 중요하게 생각하는 것은 똑같은 모양이나 획일성, 기계로 만든 듯한 오차 없는 자태가 아니다. 그들은 손으로 빚은 그릇 하나하나에 자연스러운 아름다움, 손자국, 정성이 담기길 바란다.

인간도 마찬가지다. 공장에서 획일적으로 제조된 공산품이 아니기에 흠 없이 똑같은 모습을 하고 있지 않다. 만약 우리가 불완전함 때문이 아니라 불완전함 덕분에 아름답고 우아한 자태로 사랑받는, 손으로 빚은 그릇이라면 어떨까? 그릇의 아름다움을 이루는 요소가 질감, 개성, 깊이 같은 것들임을 안다면? 작품이 나오기까지 모든 과정들 하나하나가 어떻게 그 모습을 만드는 데 기여했는지를 안다면?

우리는 끝도 없이 완벽함을 추구한다. 자연스러운 아름다움 위에 안티에이징 크림, 잔뜩 쌓인 물건들, 직함, 다른 사람에게 더 나은 사람으로 보이기 위해 만든 이미지 등을 겹겹이 덧씌운다. 하지만 거추장스럽고 무겁기만 한 이 모든 것들은 정말 중요한 것을 가려버린다. 겹겹이 덧씌워진 이 장치들을 벗겨내야 비로소 그 속의 빛나는 아름다움이 드러난다.

하지만 이상적인 상태에 대한 개념을 바꿔보면 어떨까? 삶은 원래 불완전하기에 불완전함이 가장 이상적인 상태라면? 완벽을 추구하느라 기를 쓰고 아등바등하지 않아도 될 것이다. 지금 상태가 만족스럽고, 지금 있는 그대로의 나의 모습이 좋다는 사실에 마음이 편안해질 것이다.

깊이 생각해보면 그런 불완전함은 새로운 기회, 경험, 대화, 유대감을 열어주는 문이다. 어느 날 갑자기 완벽함이 이상적인 목표가 아님을 깨닫고, 생각했던 것보다 내가 훨씬 더 능력 있는 사람이라는 사실을 알게 될지도 모른다.

3장에서 스님이 했던 말을 잠시 되짚어보자. '와비사비는 자연스럽고 진정한 상태에 깃든다.' 여기서 '자연스럽고 진정한 상태'란 무엇일까? 내가 세상을 살아가는 방식일까? 그 일을 할 때 나의 모습일까? 혹은 그것이 친구나 가족에게 보여주는 나의 모습일까? 그 상태로 돌아가기 위해 무엇을 벗겨내야 하는가?

완벽함 내려놓기

에이즈 환자들을 위한 호스피스 시설 '젠 호스피스 프로젝트' 설립자, 프랑크 오스타세스키는 이런 말을 했다.

온전함이 완벽함을 의미하지는 않는다.
온전하다는 말은 빠진 부분이 없다는 의미다.

주방 조리대에서 한 손에 와인잔을 든 채 이 글을 쓰고 있다. 설거짓거리가 산더미처럼 쌓인 싱크대 옆에서 나는 집중의 순간이 찾아오길 기다리고 있다. 머릿속에서는 지난 일요일 여행을 마치고 돌아와 정리도 하지 않은 채 침실 바닥에 둔 여행 가방이 맴돈다. 발밑에는 아이들 장난감이 뒹굴고 있다. 덮개 열린 보석함과 한쪽 발로 서서 회전하는 동작을 하고 있는 발레리나, 테디베어 가족 소풍에 가지고 갈 작은 찻주전자, 오래전 파티에서 사용했던 쭈글쭈글한 풍선······.

어느 순간 나는 육아가 어려운 단계들을 넘는 과정이 아니라 혼란 그 자체임을 깨닫게 되었다. 크나큰 축복이라는 생각이 들다가도, 어느 순간 좌절감에 사로잡힌다. 아이들 존재에 깊이 감사하다가도, 끝도 없는 요구에 스트레스를 받는다. 사랑에 푹 빠졌다가도 미친 듯이 화가 난다. 이런 날들이 반복되던 어느 날 문득 깨달았다. 자라고 있는 건 아이들만이 아니라는 사실을. 부모도 같이 성장한다. 부모가 되려면 성장할 공간이 필요하다. 불편해야 성장한다. 그래서 어른이 되는 길은 두렵고 어렵고 혼란스럽다. 하지만 그 길이 어디로 향하는지 알아야 한다.

나는 혼돈 상태인 거실 마룻바닥을 둘러본다. 옷을 입다 만 인형, 레고 블록들, 산더미처럼 쌓인 책들과 여기저기 흩어진 크레용 사이에 뭔가를 발견한다. 아이들의 끊임없는 호기심, 고갈될 줄 모르는 에너지, 세상을 더 알고 싶은 천진무구한 바람 등이 어지러운 마룻바닥에서 빛나고 있다. 즐거움도 보인다. 순수한 아이들의 놀이, 아이들의 웃음 속에 치유제가 있고 그 공기 속에 놀라움이 있다.

나는 집을 최대한 단순하고 조용하며 아름다운 공간으로 만들기 위해 최선을 다한다. 하지만 내가 완벽하게 집안일을 해내는 사람이 되어야 한다거나 집이 항상 말끔하게 정돈되어 있어야 한다고 자신을 속이지는 않는다.

아이들에게 하는 '집은 항상 깨끗해야 한다'는 말이 과연 중요한 걸까? 그렇지 않다. 물론 집을 늘 깔끔하게 치우는 사람을 나무라거나 판단하는 것은 아니다. 은밀히 질투할 뿐. 내가 말하고 싶은 것은 깨끗한 집은 선택의 문제고 지금 이 순간은 오롯이 자신의 것임을 알아야 한다는 점이다. 나는 아이들이 어린 시절을 이렇게 회상했으면 좋겠다. '우리 집은 사랑과 행복이 넘치는 곳이었어. 집에 가면 늘 든든하고 아늑했어. 늘 사랑받고 배려받는 기분이었지. 그리고 서로를 사랑하고 배려하는 법을 배웠어. 집에서 나는 이미 가지고 있는 것들을 소중히 여기는 방법을, 무엇보다도 우리가 함께하는 시간을 귀하게 여기는 방법을 배웠어.'

'걱정하지 마. 금방 지나갈 거야.' 사람들은 말한다. 하지만 지나가기에 슬프다. 그래서 지금 이 순간에서 선물을 찾아야 한다. 곧 사라지기 때문에. 내 딸들은 이내 다른 것들, 다른 사람들에게 관심을 갖게 될 것이다. 이제 더 이상 내게 바짝 달라붙어, 몇 시간이고 조잘거리지 않을 것이다. 바로 지금, 지나가고 있는 이 순간, 나는 그 모든 순간에 감사할 것이다. 지금 내 발밑에서 뒹구는 쭈글거리는 풍선까지도.

자연에 있는 모든 것은 변하며 우리 인생도 변한다. 받아들인다는 것은 그 일을 끝맺으라는 말이 아니다. 그 일이 어디서 시작되었는지를 인지한다는 말이다. 우리는 모두 과정 속에 있다. 일단 지금 진행 중인 상황을 파악해야 한다. 와비사비는 편안한 방식으로 그 길을 찾을 수 있도록 도와준다.

와비사비는 크건 작건 본질을 있는 그대로 보는 관점을 가르쳐준다. 그것이 정말 중요한지 아닌지, 내려놓아야 하는지 아닌지를 알게 해준다. 힘든 일이 생기면, 수용이 진정한 친구가 될 수 있다. 수용한다는 것은 내 권한을 양도한다거나 부적절한 행동을 허용한다는 의미가 아니다. 수용한다는 것은 소극적 태도가 아니라 적극적인 태도다.

받아들이게 되면 다음과 같은 말을 할 수 있게 된다.

- 이것은 지금 일어나고 있는 일이다. (버티고 맞서는 것이 아니라 관찰한다.)
- 이것은 진정으로 중요한 일이다.
- 이것은 앞으로 올 모든 일의 시작이며 내가 다음에 해야 할 행동은 이것이다.

받아들인다는 것은 지금 이것이 나의 상황임을 인정하는 것이다.

지금 이곳이 내가 있는 곳이다. 화병이 깨졌다, 결혼생활이 끝났다, 사업이 힘들다, 외롭다, 아이가 화가 났다, 또 거절당했다……. 무슨 일이 벌어지고 있건 지금 벌어지고 있는 그 일이 내가 처한 상황이다. 지금 일어나는 일을 무시해서는 안 되지만 극적으로 부풀릴 필요도 없다. 그저 그 상황을 살고 인지한 다음 집착을 버리면 된다. 우린 한 순간도 붙잡아둘 수 없고, 한 순간도 당기거나 밀어낼 수 없다. 이것이 진실이다. 어려움을 받아들이는 법을 배울 때, 어떤 상황이 오고 갈 것이라는 사실을 인정할 때 인생은 전투에서 춤으로 바뀐다.

미래 받아들이기

얼마 전 나는 94살의 아름다운 여성, 가니에 미네요의 집에 갔다. 가니에 미네요의 이야기는 8장에서 더 자세히 할 것이다. 가니에는 행복한 삶의 비밀을 들려주면서, 불행의 근원은 지금 가지고 있는 것에 만족하지 않고, 내 삶의 안이 아니라 바깥을 보느라 너무도 많은 시간을 보내기 때문이라고 말했다. 이 말은 꿈을 꾸지 말라는 의미가 아니다. 감사함에서 행복이 시작된다는 의미다. 가니에도 분명 료안지에서 쓰쿠바이를 보았을 것이다.

희망은 기대와 다르다. 미래의 어느 시점을 위해 계획을 세우고 준비할 수는 있지만, 어느 누구도 미래를 결정하거나 통제할 수는 없다. 바라는 것을 그려볼 수는 있지만 그다음에는 놓아주어야 한다. 시간을 정해두고 거기에 얽매이지 말고 지금 이 순간의 삶으로 돌아와야 한다.

이번 주에는 지금 감사한 것이 무엇인지 떠올려보고, 일어나지 않은 일에 대한 모든 기대를 내려놓으면 어떨까? 아직 일어나지 않은 모든 일에 마음을 열어두길 바란다. 일주일 동안 그 어떤 것도 통제하려 들지 말고, 생각대로 혹은 바라던 대로 일이 잘 풀리지 않았을 때 너무 스트레스 받지 않길 바란다. 책임져야 하는 일이 있다면 마음을 편히 갖고 상황을 지켜보길 바란다. 지나간 과거를 꼼꼼히 생각해보라. 생각이나 바람대로 되지 않은 일들은 무수히 많다.

여유를 갖자. 그렇게 필사적으로 서둘러야 할 일은 많지 않다. 끊임없이 완벽함을 추구할 때 삶의 속도는 빨라진다. 삶의 속도가 빨라지면 성급한 판단과 결정을 내리게 된다. 와비사비는 잠시 멈추고, 성찰하고, 내 자신을 살피고, 그곳에서 한 걸음 물러나는 법을 가르친다. 그렇게 하면 한결 마음이 편안해지면서 더 나은 결정을 내릴 수 있다.

이 순간에 집중하는 방법

지금 무슨 일이 일어나고 있건, 이 순간을 받아들이고 그것이 우리

인생관을 어떻게 변화시키는지 살펴보라.

다음은 받아들이는 데 도움이 되는 방법들이다.

결정

나를 이 상황에서 멀어지게 하는 생각의 소용돌이에 휘말리지 않는다. 지금 이 순간 나는 어떤가? (무엇이 보이는지, 무슨 소리가 들리는지, 어떤 맛이 느껴지는지, 어떤 냄새가 나는지 어떤 감촉이 느껴지는지 말해보라.)

인식

방금 이 순간이 펼쳐졌다. 혹은 이 순간이 진행 중이다. 지금 이 순간 내게 존재하는 것들은 무엇인가?

새로운 시작

이것은 새로운 시작이다. (거창하고 극적인 시작이어야 할 필요는 없다.) 이 시작점에서 나는 무엇을 할 수 있으며, 할 것인가?

받아들임의 두려움을 극복하는 방법

받아들이기란 쉽지 않다. 세상일은 으레 불공평하게, 불쾌하게, 안 좋은 시기에, 고통스럽게 벌어지기 마련이다. 감정을 무디게 만드는 것은 좋은 방법이 아니다. 오히려 지금 느껴야 하는 감정을 그대로 느끼도록 내버려두고, 그 감정을 또렷하게 느끼는 것이 좋다. 이런 때는 자신을 보살피는 것이 최우선이다. 자신에게 집중하자.

다음은 받아들이고 내려놓는 과정에서 스스로를 돌보는 몇 가지 방법들이다.

마음

친구에게 고민을 털어놓거나 이번 주에 다른 약속은 잡지 않는다.

몸

자연이 있는 곳으로 긴 여행을 떠나 몸을 신선한 에너지와 건강한 음식으로 채운다.

정신

아침에 가장 먼저 명상을 한 뒤, 감사한 것들 목록을 작성한다.

마음, 몸, 정신으로 나누어, 그에 맞는 나의 경험들을 적었으니 여러분에게 맞는 방법들을 얼마든지 더 찾길 바란다.

- 변화는 피할 수 없다. 그렇기에 과거나 현재를 붙잡으려 애쓰는 것은 의미가 없다. 늘 열려 있어야 한다. 인생은 바로 지금, 이 순간 벌어지고 있다.

- 머리로 답을 찾을 수 없을 때는, 가슴이 답을 찾는 방법을 알고 있을지도 모른다는 사실을 잊지 마라.

- 완벽함은 신화다. 있는 그대로의 우리는 모두 '완벽하게 불완전'하다.

5장.

실패를 마주할 때

실패가 쉽다고 말하는 사람은 없다.
하지만 다행스럽게도
실패에서 무엇을 가지고 갈지는 선택할 수 있다.
실패에서 후회와 자책을 선택한다면
실패는 더 암울하고 무거워질 것이다.

'칠전팔기'라는 말이 있다. '일곱 번 넘어져도 여덟 번 일어난다'는 뜻이다. 포기하지 않는 정신을 나타내는 속담이기도 하지만, 나는 그보다 넘어진 상태로 시작하지 않는다는 의미가 더 중요하다고 생각한다. 속담에서는 일곱 번 넘어져도 일곱 번 일어선다고 말하지 않는다. 일곱 번 넘어진 다음, 여덟 번째로 일어난 순간에 의미를 부여하는 것이다. 일단 실패에서 기회를 얻으려면 먼저 그 상황에 부딪혀야 하고, 그다음 다시 일어날 기회를 얻어야 한다는 사실을 일깨워주는 말이다.

전공 학과에서 외국어에 능숙하지 않은 유일한 사람이었던 나는 시작부터 어려움이 많았다. 대학에 들어간 첫 주, 친구들은 연구소며 강의실에서 고상한 언어를 배우는데 나는 고작해야 '안녕하세요'를 일본어로 말하는 법을 배우고 있었다. 이따금 내가 잘못된 길을 선택한 건 아닌지 불안했다.

더럼 대학교 동아시아 연구학과의 학생이었던 나는 다른 나라의 전통과 경험을 공부하는 시간이 무척 좋았다. 몇몇 학생들, 다정한 강사들과 함께 옹기종기 모여 앉아 빅토리아 시대 집의 처마를 보고, 한자로 제목이 쓰인 책들을 보고, 언젠가는 저 책들을 다 읽을 수 있는 날을 꿈꾸고, 각종 직물과 목판화, 온갖 이국적인 물건들이 가득한 동양 박물관에 들르는 시간들이 무척 좋았다.

첫 단어 시험지는 틀린 답투성이었다. 첫 시험 성적이 너무 형편없이 나오자 부교수가 나를 불렀다. 엄숙한 얼굴로 이 실력으로는 내가 다음 학기에 교토에 가는 것은 회의적이라고 말했다. 믿을 수 없었다. 이 사람들이 뭔가 착각한 게 아닐까 하는 생각이 들었다. 내가 듣는 수업은 일본 유학이 핵심이었기 때문이다. 내가 이 학교에 온 것은 그 모험을 떠나기 위해서였다. 난 부교수들에게 애원하며 매달렸다. 그리고 내가 일본어와 문화에 충분히 흡수되어 시간을 보내고 나면 실력이 훨씬 나아질 거라고 말했다. 나의 간청은 통했고 몇 주 후 나는 일본으로 가는 비행기를 탔다. 일 년 동안 입을 옷과 일본어 사전이 든 짐 가방을 들고, 가는 내내 스스로도 믿기지 않았다.

간사이 국제공항에 내려서 보니 현실이 와닿았다. 나는 안내판을 읽을 수도, 대화를 들을 수도, 내가 이해하지 못했다는 말을 할 수도 없었다. 게다가 사람들이 실제로 사용하는 말은 교과서에서 배운 것과 달랐다. 당황스러웠다. 일본어 공부를 더 했어야 했다는 후회가 밀려왔다. 하숙집에는 교토 사투리를 쓰는 주인 아주머니와 하숙생들이 있었는데 그중에 영어를 하는 사람은 한 명도 없었다. 살아남으려면 일본어 실력을 월등히 올려야 한다는 사실이 실감났다.

내 일본어 학습 과정은 그래프로 표시하자면 0 지점에서 시작한다. 불안하게 시작한 선은 교토에서 지내던 1년 동안 완만하게 상승선을 그린다. 이 선은 동기부여를 받을 때는 몇 배나 높게 상승했다가 사기가 꺾일 때는 하락했다. 그렇게 중간 지점까지 이어지다가 시험이 닥치면 다시 상승하고, 영국으로 돌아와 학위를 마쳤을 때 더욱 상승했다. 졸업할 때만 해도 꽤 자신감에 차 있던 나는 일본 회사에 취직하면서 내가 그래프 선을 생각보다 너무 높게 그렸다는 사실에 충격을 받았다. 꽤 잘한다고 생각했지만 알고 보니 그다지 잘하는 수준이 아니었다. 내 실력은 정부 관계자, 대사, 최고의 운동선수들 등의 실시간 통역을 맡으며 여실히 드러났다. 나는 회의나 인터뷰 내용을 테이프에 녹음해 완전히 이해할 때까지 듣고 또 들었고, 신문 기사도 틈나는 대로 번역했으며, 가능한 다양한 문화를 접하고 많은 친구들을 만났다. 자부심과 절망 사이를 롤러코스터처럼 오르락내리락하면서 내가 얼마만큼 지나왔는지 그리고 앞으로 얼마나 더 많이 가야 하는지를 가늠했다.

결국 나는 지금 이 순간, 내가 가지고 있는 도구들로 할 수 있는 만큼만 할 수 있다는 사실을 깨달았다. 그러고 나서야 나는 최선을 다해 준비할 수 있었다. 준비를 마친 후에는 잘 쉬고 맑은 정신으로 일에 임했다. 이 과정을 반복할 때마다 실력이 점점 늘었고 자신감도 조금씩 커졌다. 물론 자신감이 산산이 부서지는 날들도 있었지만 그럴 때마다 나 자신을 추스르고 다시 일어섰다.

교토에서 일을 하면서 내 일본어 실력 그래프도 다시 상승했다. 그래프 선이 최고점을 찍었던 때는 아마 석사 학위를 받기 위해 일본어 동시통역 공부에 정신없이 몰두해 있던 때가 아니었나 싶다. 학위를 받은 후 경험을 쌓기 위해 UN으로 가서 2개 국어를 능숙하게 하는 사람들과 함께 통역실을 사용했는데, 30년 동안 통역 일을 해온 그들은 아무 어려움 없이 자유롭게 두 언어 사이를 오갔다. UN에 간 것은 실수였는지도 모른다. 나는 잔뜩 위축되었고 자신감도 스멀스멀 빠져나갔다. 내 그래프 선은 주식시장이 붕괴된 직후 하락하는 주가 지수처럼 끝없이 추락했다.

하지만 이것이 삶이다. 더 잘할수록 시야도 넓어진다. 웅덩이에서 나와 연못으로, 연못에서 나와 바다로 가는 것이 삶이다. 이상은 늘 변하기 마련이다. 그것을 더 나은 삶을 위한 동기부여 장치로 활용하고 온 마음을 다해 노력한다면 상관없다. 하지만 경쟁 체제에서는 끊임없는 이상을 추구하는 것은 위험하다. 웅덩이에 안주해야 한다는 말이 아니다. 연못에서 행복할 수도 있으며, 최선을 다해 도달한 곳이 연못이면 괜찮다. 바다로 나가고픈 사람도 있을 것이다. 물론 그것 역시 괜찮다. 그곳에 가려는 합당한 이유만 있다면 어느 곳이든 좋다.

그렇다면 이것이 와비사비와 무슨 상관이 있는가? 와비사비는 영원한 것도, 완벽한 것도, 완성된 것도 없다는 사실을 앎으로써 얻는 위안이다. 일을 망쳤다고 해도 잠시 경고음이 나는 것일 뿐 종신형을 선고받는 것이 아니다. 실수를 저질러도 바로잡을 수 있으며 다음에는 더 잘할 수 있다. 공부라는 여정에서 나는 여전히 여행 중이며 종착지에 도달하지 않았다. 그래서 내가 모든 것을 다 알지 못한다 하더라도 좌절하지 않을 수 있고, 다음에 배울 것들에 늘 호기심이 생긴다.

학습 그래프는 언제든 상승할 수도 하락할 수도 있다. 그래프가 상승할지 하락할지는 전적으로 내 태도와 에너지, 집중력에 달려 있다. 이는 단지 언어를 배우는 기술에만 적용되는 말이 아니다. 경제, 사랑, 양육 등 어느 분야건 마찬가지다. 심지어 우리 자신을 알아가는 과정에도 적용된다.

배움에는 끝도 완벽도 완성도 없다. 늘 배우는 과정만 있을 뿐이다.

실패의 재구성

실패를 재구성한다는 말이 실패를 사랑하거나 환영하라는 의미는 아니다. 실패하지 않는 것을 목표로 최선을 다하되 (지금 하는 일을 최대한 신경 써서 해야 하므로) 실패한다고 해도 실패를 딛고 앞으로 나아갈 수 있는 대처 방법을 배우라는 의미다.

실패를 재구성하려면 우선 성공을 재구성해야 한다. 하나의 목표를 정하고 그 목표를 성취했는지 못했는지에 따라 나 자신의 가치를 정한다면, 실패는 고통스러워진다. 설령 그 실패에 내가 통제할 수 없는 다른 요소들이 많이 있었다고 해도 말이다. 하나의 목표만을 설정하는 이유는 완벽함이라는 관념에서 벗어나지 못했기 때문이다. '내가 X만 성취하면, Y가 될 거고, Z를 만들 수 있으니 행복할 거야.'

하지만 성공한 후 어떤 감정을 느끼고 싶은지, 어떤 인생 경험을 하고 싶은지에 관한 관점을 바꾼다면 모든 것이 달라진다. 이 부분은 7장에서 좀 더 상세히 다루겠지만, 일단 와비사비 관점으로 접근할 때 실패에서 무엇을 배울 수 있는지 알아보자.

- 실패에서 반드시 무엇을 배울 필요는 없다. 실패는 회복할 힘을 길러주고 성장의 발판을 마련해주어 다른 길로 갈 수 있도록 도와준다. 완벽하려고 애쓰지 않는다면 '실패'조차 더 이상 '실패'로 보이지 않을 수 있다.
- 실패에서 느끼는 감정은 영원히 지속되지 않는다. 영원한 것은 없다. 하루하루가 새로운 시작의 기회다.
- 모든 것은 변한다. 어쩌면 지금은 잠시 멈추고 돌아가서 다른 것을 추구해야 할 때인지도 모른다.

실패보다 중요한 건 그다음

경쟁은 나쁜 것이 아니다. 경쟁은 스스로에게 도전할 기회를 준다. 너무도 많은 것들이 우리 통제권을 벗어나 있는 이 시대에 개인의 노력만으로 완벽함을 추구하려 애쓸 때가 문제다. 실패의 위험을 만드는 것은 자신이 설 무대의 크기를 정해버리는 것이다. 무대의 크기가 작다면 누구든 그 무대에서 주어진 일을 잘할 수 있을 것이다. 성장 기회가 계속 커진다는 것은 잘해내지 못할 일도 많아진다는 의미다. 하지만 처음부터 무대를 넓게 생각하고, 더 큰 경험에 마음을 열어둔다면 오히려 넓은 무대는 선물이다.

통역사로 일하면서 올림픽에서 메달을 거머쥔 선수들은 물론 목표에 도달하지 못한 세계 최고의 운동선수들도 많이 만났다. 승리의 감정과 패배의 감정 사이에는 커다란 틈이 있다. 나 역시 수많은 희생을 치러가며 목표를 위해 노력해왔고, 그 목표를 이루지 못했을 때 즉각 찾아오는 좌절의 늪에 빠지기도 했다. 하지만 더 큰 목표를 향해 가는 이들이 예외 없이 깨닫게 되는 사실이 하나 있다. '중요한 것은 그다음이다.'

영화를 만드는 과정이나 케이크를 굽는 과정, 학위를 얻는 과정은 궁극적으로 같다. 사실 꿈을 향해 달려가는 모든 과정이 같다. 실패라고 느껴지는 모든 순간마다 무엇을 해야 할지, 어떻게 하면 앞으로 나아갈지를 선택할 수 있다.

포부를 가지라. 재능을 갖추라. 놀라운 일들을 하라. 꿈을 쫓되 모든 과정을 즐기라. 내가 스스로 정한 완벽함을 억지로 추구하지 마라. 완벽함은 이룰 수 없는 목표임을 인지하고 느긋해져야 한다. 중요한 것은, 그다음에는 무엇을 하느냐다.

실패 속에서 성취 찾기

이가라시 캔은 해안 도시 쓰루오카 시에서 쌀농사를 짓는 농부다. 고등학교 시절 주목받는 수영선수였던 그는 이후 일과 가정생활에 전념하느라 수영은 잊고 지냈다. 20대에는 역도를 했는데, 이때 길렀던 근력이 30대 중반의 나이에 장거리 수영선수로 다시 돌아왔을 때 큰 힘이 되었을 것이다.

내가 캔을 만났을 때 이미 그는 혼슈와 홋카이도 사이부터 태평양까지 이어지는 쓰가루 해협을 수영해서 횡단한 인물로 널리 알려져 있었다. 캔이 코치와 함께 영국 도버에 왔을 때 우리 세 사람은 갈매기 소리가 들리고 아침 식사가 나오는 아늑한 숙소에 함께 머물렀다. 영국에서 프랑스까지 이어진 영국해협은 큰 배들이 지나는 항로여서 수영으로 건너는 규정이 굉장히 엄격하다. 캔이 수영하는 동안 코치와 나, 심판관이 동승할 예정이었다. 가느다란 밧줄에 물과 음식을 매달아 캔에게 줄 수 있었는데 만약 줄이 끊어진다면 그 시도는 실패로 끝난다. 캔의 신체 중 일부가 배에 닿기만 해도 경기는 즉시 중단 된다. 몸에 경련이 일어나도, 해파리에 쏘여도, 그 무슨 일이 있어도, 우리는 온몸에 바셀린을 듬뿍 바르고 경기용 수영복을 입고 우리 배 와 나란히 수영을 하는 캔과 물리적인 거리를 철저하게 유지해야 한 다. 어떤 신체 접촉이나 도우려는 시도도 절대 해서는 안 된다.

마침내 경기 당일, 나는 새벽 3시경에 일어나 치즈 샌드위치를 먹 고 캔과 코치를 만나기 위해 로비로 갔다. 그런데 당황스럽게도 캔은 비틀거리고 있었다. 알고 보니 시차 적응을 못한 캔이 전날 위스키와 수면제를 함께 먹은 것이었다. 나는 그가 이런 상태로 캄캄한 바다로 들어가지 않길 바랐다. 하지만 그는 기회는 한 번뿐이라며 완강하게 수영을 하겠다고 했다. 결국 코치가 그의 상태를 면밀히 살핀 후 수 영을 해도 괜찮다는 결론을 내렸다.

시작부터 좋지 않았다. 이 경기는 선수가 도버 해협에 입수하는 순 간부터 바로 시간이 측정된다. 당연히 캔이 입수해서 몇백 미터가량 전진했을 때는 시간이 한참 흐른 뒤였다. 그런데 어쩐 일인지 캔은 영국 쪽으로 되돌아오고 있었다. 심판관은 캔이 방향감각을 잃었을 것이라고 했다. 코치가 캔에게 소리를 지르며 프랑스 방향으로 가야 한다고 지시했고, 우여곡절 끝에 우리는 제대로 방향을 잡았다.

차가운 물과 실수로 인한 충격에 캔은 정신이 번쩍 든 듯 보였다. 이후 그는 오랜 시간 쉼 없이 수영을 했다. 하지만 처음 저지른 실수 의 대가는 컸다. 안타깝게도 캔은 제시간에 도착하지 못했다. 조수의 흐름까지 영향을 미치면서 목표보다 2시간 가까이 늦게 결승점에 들어왔다.

보트에 탄 캔은 지친 몸을 덜덜 떨고 있었지만 프랑스에 도착했다는 기쁨에 들떠 있었다. 배에 타자마자 곧장 NHK 방송사와 위성 전화로 인터뷰를 했다. 그의 도전에 관해 묻자 캔은 이렇게 대답했다. "최선을 다했습니다."

냉정하게 보면 15시간 안에 도착한다는 캔의 목표는 실패했다. 그의 최종 기록은 16시간 42분이었다. 하지만 그가 엄청난 노력을 기울여 영국해협을 헤엄쳐서 가로질렀다는 사실은 변함이 없었다. 그는 자신이 성취한 것에 집중했다. 또한 처음으로 국제 해협을 건너는 경기에서 자신의 한계까지 도전하며 최선을 다했다는 사실을 자랑스러워했다.

이러한 태도는 그를 아주 멀리까지 나아갈 수 있게 해주었다. 그는 일본에서 한국까지, 일본에서 러시아까지, 그리고 바이칼 호수를 수영해서 건넌 최초의 일본인이 되었다.

회복탄력성을 기르는 방법

- 운동과 영양, 휴식을 통해 신체적 활력을 기른다.
- 조용한 시간, 충분한 수면, 자연에서 보내는 시간으로 정신적

활력을 얻자.

- 작은 일에 대처하는 연습을 한다. 그래야 큰일에 잘 대처할 수 있다.
- 작은 목표들을 정해서 차근차근 이뤄나간다.
- 식물이나 동물을 기르면서 내가 관심을 쏟을수록 달라지는 모습을 관찰한다.
- 내가 잘할 수 있는 일을 규칙적으로 적어본다. 적다 보면 내가 가진 능력들을 되새기게 된다.
- 내 주변의 공동체를 찾아보고 지지할 수 있는 네트워크를 구축한다.
- 어려움을 극복한 롤모델을 찾아 교훈을 얻는다.
- 용기를 주는 말들을 적어 주위에 둔다.
- 하루하루를 긍정적으로 보내야 할 이유를 찾아본다.

실패 이후 나의 선택

많은 사람들이 처음 시작하는 일 앞에서 실패할지도 모른다는 두려움에 압도된다. 하지만 이를 핑계로 혹시 저지를지 모르는 실수가 미래를 망칠까 봐 끔찍한 현재에서 벗어나지 못하는 사람들이 많다. 특히 창의적인 일을 하는 사람들은 더더욱 그렇다. 위험과 실패에 대한 두려움이 너무도 크다. 하지만 그들이 알지 못하는 것이 있다. 실패도 앞으로 나아가는 길 중에 만나는 과정이라는 사실이다. 즉, 실패를 하면서 발전한다. 매번 실패할 때마다 지혜가 쌓인다. 그렇게 쌓은 지혜는 다음에 꺼내 쓸 수 있다. '실패'가 결말일 필요는 없다. 다음 장의 시작이 될 수도 있다. 다만, 불완전함을 인정하고, 나 자신에게 공감과 연민을 보여주고, 앞으로 나아가기를 선택했을 때만 그 시작이 가능하다.

교토의 어느 사찰에서 작은 방석에 양반다리를 하고 앉은 나는 도통 아무것도 하지 못하고 있었다. 원래 명상을 하려 했지만 머릿속을 지배하는 건 저릿저릿한 다리의 통증뿐이었다. 조금이라도 편하게 앉으려고 뒤척일 때마다 부스럭거리는 소리가 요란하게 났다. 이곳에 있는 사람들 모두가 이렇게 산만하게 구는 나를 못마땅하게 여길 것만 같아 주눅들고 신경 쓰였다. 슬며시 눈을 떠서 주위를 둘러보았다. 물론 나를 보는 사람은 아무도 없었다. 아무도 내가 뭘 하고 있는지 혹은 '제대로' 하고 있는지에 신경 쓰지 않았다. 모두들 저마다의 일에 깊이 몰두하고 있었다.

오직 나만이 나를 판단하고, 오직 나만이 명상에 '성공'한다는 것이 무슨 의미인지 생각하기도 전에 실패했다고 느끼고 있었다. 나 자신에 대한 판단을 내려놓고 나니 그제야 은은한 종소리, 돗자리에서 나는 풀냄새, 정원을 손질하는 이가 능숙하게 손을 놀리며 초목을 다듬는 순간에 오롯이 머물 수 있었다. 내가 이곳에서 명상을 하고 있다는 사실도, 오늘 이 순간을 선택해 여기에 왔다는 사실도 천천히 느껴졌다.

실패를 받아들이는 단계

다음은 실패의 상황에서 할 수 있는 여섯 단계다.

- **진실** 무슨 일이 일어났는지 객관적으로 말해본다.
- **겸손** 내가 비난한 사람은 없는지 떠올리고 내가 어떤 일을 했는지 구체적으로 생각해본다.
- **단순함** 이 상황에서 깨달은 가장 큰 교훈 한 가지만 추린다.
- **일시성** 무엇을 잃었고, 무엇을 얻었으며, 내 마음속에서 무엇이 변했는지를 성찰한다.
- **결점** 나 자신이건 상대방이건 결점이 있음을 인정한다. 앞으로 나아가려면 반드시 용서 내지는 포용을 해야 하며 인간이기에 불완전하다는 사실을 기억해야 한다.
- **불완전함** 이것이 끝이 아님을 명심한다. 그다음에 무엇을 할지 결정한다.

창의적인 일을 가장 잘할 수 있는 때는 마음의 문을 활짝 열고 스스로에게 진실해지는 순간이다. 그 순간 다른 사람도 나의 창의성에 깊게 공감한다. 말로 했더라면 결코 꺼내지 않았을 이야기들이 창의적 작품으로 표현되기 때문이다. 하지만 누군가와 내 마음속 깊은 이야기를 나눈다고 생각하면 어쩐지 발가벗은 모습을 드러내는 것 같고, 상처받을 것 같고, 공격받을 것 같은 기분이 든다. '누가 이 작품을 비난하고, 조롱하고, 거부하면 어떻게 하지?' 마치 나 자신이 비난받고 조롱받고 거부당한 기분이 든다.

사람들이 사랑하는 일을 하지 못하게 가로막는 것은 바로 실패에 대한 두려움이다. 와비사비는 여기에도 아주 중요한 교훈을 준다. 와비사비는 자연이 반영하는 아름다움에 대한 직관적 반응이다. 이를 적용해보면, 나의 내면에서 우러나온 창작물에 다른 누군가도 반응할 수 있다. 나의 창작물에 담긴 아름다움을 보이려면 반드시 누군가와 공유해야 한다는 의미다.

따라서 실패에 대한 두려움 때문에 창의적 표현을 못하는 사람들은 중요한 점을 놓치고 있는 것이다. 진정한 아름다움은 완벽함을 성취했을 때가 아니라 창작물을 공유할 때 생긴다. 창작 활동에서 유일한 실패는 창작을 회피하는 것이다.

창작 활동처럼 개인적인 일을 할 때 실패에 대한 두려움에 대처하기는 쉽지 않다. 하지만 그 두려움을 내가 그 문제에 얼마나 신경을 쓰고 있는지를 알려주는 지표라고 생각하고 계속 하던 일을 해보길 바란다.

창작 활동을 할 때 자신감을 얻는 방법

창의적인 무언가를 할 때 다음 방법을 활용하면 작품들을 꾸준히 세상에 내놓는 데 도움이 된다. 그렇게 하면 실패는 아무것도 아니다.

- 화가, 작가 등의 직분은 잊어라. 그저 작업에만 몰두하라.
- 결과가 아니라 과정 자체에 집중하라.
- 뭔가 잘 풀리지 않으면 다른 시도를 해보라.
- 나의 몫은 절반뿐이다. 마음을 열고 세상이 도움을 주기 위해 다가오는 것을 지켜보라.
- 혼자 버티지 마라. 나와 공통점이 있는 이들이 모인 공동체를 찾아 서로 독려하라.

어느 온화한 봄날 아침, 나는 니시진 직물 거리를 걷고 있었다. 1,500년 전부터 직물의 본고장으로 알려져 있는 니시진은 대단히 매혹적인 도시다. 이곳에서는 관광 수입을 올리는 데는 아무 관심 없이 그저 자신의 일을 묵묵히 하는 장인들을 볼 수 있다. 그들은 몇 세대를 거쳐 그 일을 이어서 하고 있다. 특이한 건물이 내 눈길을 사로잡았다. 커다란 창고처럼 생긴 목조건물인데 널찍한 입구에는 영업 중임을 알리는 전통 커튼 노렌이 걸려 있다. 호기심에 가게 안을 들여다보았다.

알고 보니 그 건물은 미우라 고지의 작업실이었다. 미우라 고지는 최고급 기모노를 만드는 디자이너였다. 아름다운 기모노 디자인으로 상을 받기도 했다. 그는 기모노뿐 아니라 나를 이 상점으로 들어오게 만든 노렌도 만들고 있었다. 나는 문득 노렌 만드는 법을 배우고 싶었다.

커다란 상점에 들어서서 정중하게 인사를 하자 뒤편 작은 방에서 긴 은발을 하나로 묶은, 인상 좋아 보이는 남자가 나왔다. 혹여 내가 방해한 건 아닌지 미안한 마음이 들었지만 아름다운 작품을 만드는 과정을 더 가까이서 볼 기회가 생길지도 모를 일 아닌가? 직물 거리를 서성이다 불쑥 들어온 외국인을 보고 그는 잠시 당황한 듯했지만 이내 고개를 끄덕이며 내 말을 계속 들어주었다.

함께 녹차를 마신 뒤 나는 그에게 기모노 디자인에 관해 쉴 새 없이 질문을 퍼부었다. 그리고는 용기를 내서 내게 노렌 만드는 법을 가르쳐줄 수 있는지 물었다.

"음…… 전 누구를 가르치지 않습니다. 디자인만 합니다." 그가 난처한 듯 말했다.

"아, 알겠습니다." 나는 대답하고는 잠시 기다렸다.

"하지만, 한번 생각해볼 수는 있습니다. 내일 만들고 싶은 노렌을 그려서 다시 와주시겠어요?"

나는 집으로 달려가 한지와 젓가락을 이용해 노렌 모형을 정성껏 만들었다. 다음 날 내가 정말로 다시 찾아가자 그는 조금 놀란 기색이었다. 그리고 내가 배낭에서 노렌 모형을 꺼내자 더욱 놀란 표정을 지었다.

"흠, 재미있군요. 나쁘지 않습니다." 그는 노렌 모형과 내 얼굴을 번갈아 보며 말했다. 그렇게 나의 도제살이가 시작되었다. 나는 미우라 선생의 작업실에서 많은 날을 보내며 도안을 그리고, 본을 뜨고, 염색하고, 말리고, 늘리고, 세탁하는 법을 배웠다.

나는 장인의 기술을 상대적으로 너무 짧은 시간 안에 배운다는 불안감에 자주 사로잡혔다. 미우라 선생은 어마어마하게 높은 수준의 기술과 역량을 갖춘 장인이었다. 반면 나는 아무 생각도 없는 풋내기에 불과했다. 하지만 미우라 선생은 내게 지금 하는 작업에만 몰두하라고 끊임없이 독려해주었다. 작업실에 꾸준히 나와서 하던 일을 하고 그 작업이 어떻게 진행되는지를 지켜보라고 했다. 그는 내게 아주 사소한 것에 집중하는 법, 가르침에 귀 기울이는 법뿐 아니라 내 본능을 이용하는 법도 가르쳐주었다. 결국 중요한 것은 디자인이다. 이 거장의 마음에 사소한 실수들은 없다. 그저 창작 활동에 관한 관심만 있을 뿐이다.

미우라 선생의 작업실에서 작업을 하던 나는 마침내 리넨을 직접 염색해서 길다란 노렌을 재단했다. 세 조각으로 된 천을 하나로 이어주는 바느질을 마치고 위에 대나무를 끼웠다. 가슴이 터질 것 같았다. 염색이 얼룩덜룩하게 된 부분도 있었고, 살짝 주름진 부분도 군데군데 있었고, 이음새가 매끄럽지 않은 부분도 있었다. 하지만 내가 손수 만든 첫 노렌은 완벽하게 완벽하지 않은, 소중한 보물이었다.

지금도 우리 집에는 이 노렌이 걸려 있다. 남색 천에는 은은한 달과 두 마리의 새 그림자가 그려져 있다. 한 쌍의 새는 가능성과 격려와 자유를 상징한다. 이것은 실패의 두려움을 극복하면서 만들어낸 여유가 아닐까?

실패를 통해 나아가는 법

무언가에 실패한 사례를 떠올려보라. 그리고 다음 질문에 답해보라.

- 무슨 일이 일어났는가?
- 그것을 실패라고 규정한 이유는 무엇인가?
- 그 일이 일어났을 때 어떤 기분이었는가?
- 충분히 시간을 들여 준비했는가?
- 외부적 요인은 무엇인가?
- 자신의 직관에도 귀를 기울였는가? 나의 직관은 어떤 말을 해주었는가?
- 만약 미래에 같은 상황에 처한다면, 어떻게 대처하겠는가?
- 성장 혹은 관용의 렌즈로 그 실패를 본다면 어떻게 재평가될 수 있는가?
- 실패를 경험한 결과 무엇이 달라졌는가?
- 지금 앞으로 나아가려면 무엇이 필요한가?

와비사비 위즈덤

- 배움에는 '완성'도 '완벽'도 없다. 그저 배울 뿐이다.
- 실패는 단지 확장의 순간일 뿐이다. 앞으로 나아가는 과정에서 만난 실패는 진보다.
- 실패를 재구성하면 실패에 대한 경험도 달라진다.

6장.

조화로운 관계

다실의 출입문은 아주 작다.
그래서 신분이 높은 사람이건 낮은 사람이건
허리와 고개를 숙이고 들어가야 한다.

다실은 압축된 세상이다.
그 공간에서 사람들은 현재의 순간을 공유한다.
다실 안에서는 모두가 평등하다.

하마나 선생은 섬세한 복숭아꽃과 노란색 유채꽃 가지 하나를 대나무 화병에 꽂아 도코노마(일본 건축에서 다다미방 정면에 바닥을 한 층 높여 만든 공간—옮긴이)한편에 둔다. 벽에 걸린 족자에는 '매일 진심'이라는 뜻의 한자가 쓰여 있다.

하마나 선생은 우아한 걸음으로 차 도구와 밝은 녹색의 말차 가루가 든 작은 단지를 가지고 들어온다. 매달아놓고 쓰는 철 주전자가 화로 위에서 부드럽게 흔들린다. 마치 방 안에 바람이 불기라도 하듯, 겨울이 가고 봄이 오고 있다.

나는 가만히 앉아 침묵하고 지켜보고 듣고 음미한다. 온화하고 따뜻한 주인인 하마나 선생은 차를 마시는 데 필요한 모든 말들을 조용한 동작으로 보여준다. 내게는 라쿠 스타일의 다완이 나왔다. 짙은 검은색에 은은한 광택이 감도는 다완의 모습에서 장인의 섬세한 손길이 느껴진다. 손으로 다완을 잡자 마치 내 손이 다완의 일부가 된 기분이다. 찻잔에 부드러운 거품이 감도는 매혹적인 푸른 숲 색 차가 담겼다.

　　화로에 숯이 은은하게 타고.
　　이른 봄비가 촉촉하게 내리고.
　　서두를 것 없는 이 순간.

　하마나 선생은 수업 시간에 자신의 철학을 뚜렷하게 드러내지는 않지만, 그의 수업에 참여할 때면 늘 명료한 교훈을 얻는다. 단순히 차를 만들고 나누는 의식 너머에 깊고 많은 것들이 깃들어 있다. 우리 세 사람은 차를 주고받으며 서로를 위한 현재의 순간에 머물렀다.

다도 정신의 근본

옛 사무라이들은 다실에 들어서기 전 칼을 거두어 가타나카케(칼 거치대)에 걸어두곤 했다. 다실의 출입문은 아주 작아서 신분이 높은 사람이건 낮은 사람이건 허리와 고개를 숙이고 들어가야 한다. 다실은 압축된 세상이다. 그 공간에서 현재의 순간을 공유한다. 다실 안에서는 모두가 평등하다. 주인과 손님은 서로를 배려하고 보살핀다. 다실에 있는 사람들 모두 서로에게 정성을 다하고 상대의 말에 귀를 기울인다. 모두 이 순간을 공유하고 있음을 감사한다.

다도 정신의 근본은 '와和케이敬세이淸자쿠寂'다. 조화, 존중, 깨끗함, 고요함이라는 뜻이다.

와(조화)

조화는 주인과 손님 사이의 이상적인 관계이며 다도에 사용된 도구들, 함께 나온 음식과 다실의 분위기, 계절 등이 자연스럽고 이상적으로 어우러진 상태다. 더 넓게 보자면, 조화는 모든 일상에서 인간과 인간 사이의 이상적 관계라고도 볼 수 있다. 자연과 인간과의 일체감이며 서로를 헤아리는 세심함이다. 긴장과 충돌 없는 관계로 이끌어주어 평온한 마음에 이르게 해준다.

케이(존중)

존중은 상대를 있는 그대로 받아들일 때 우러나오며 겸손하고 따뜻하게 상대를 대할 때 내게 돌아온다. 함께 차를 마시는 주인은 차 도구들을 정성을 다해 다뤄야 하고, 손님은 주인이 마음을 다해 준비한 모든 것과 사소한 것 하나하나에 깊이 감사해야 한다. 손님과 주인은 서로를 배려하고, 이 순간 함께할 수 있음에 감사해야 한다.

세이(깨끗함)

깨끗함은 다도에서의 청결함, 사소한 것 하나하나에 집중한다는 의미를 모두 포함한다. 예부터 다도에 임하는 손님은 다실로 들어가기 전에 뜰을 거닐며 돌그릇에 담긴 물에 손과 입을 씻었다. 뜰에 난 작은 길을 걸으며 일상의 소음과 오염을 다실의 깨끗함과 고요함으로 바꾼다. 또한 '세이'는 마음의 맑은 상태, 사물과 상태에 대한 집착을 버린 홀가분한 상태를 말한다. 신뢰하고 배려하고 함부로 판단하지 않으며 서로에게 최선을 다해야 함을 기억하는 것이다.

자쿠(고요함)

고요함은 정적이 활성화된 상태이며, 평온한 감정이다. 다도에서 앞선 세 가지 원칙(조화, 존중, 깨끗함)에 하나씩 도달한다 해도 마지막 단계인 자쿠에 도달하려면 끊임없는 단련이 필요하다. 일본 다도 가문 우라센케에서는 이렇게 말했다. "진심으로 다도를 하는 사람은 궁극의 고요함과 자쿠의 정적에 도달할 준비가 된 사람이다." 지금 우리 삶에 무슨 일이 벌어지고 있든 차분함을 유지한다면 명료하게 성찰하고 적절하게 대응할 수 있다.

수세기에 걸쳐 내려온 이 원칙들은 다도의 기본 지침일 뿐 아니라 우리 일상에도 평온함을 준다. 오늘날까지도 다도의 원칙은 일상에서 배려가 필요할 때, 갈등을 빚을 때 등 인간관계를 발전시키는 데 필요한 기틀을 만들어준다.

조화와 존중, 깨끗함과 고요함을 기준으로 인간관계에 전념할 때 사랑하는 사람이건 갈등 관계에 있는 사람이건 그 관계가 얼마나 달라질 수 있을지 생각해보라.

느긋하게 생각하기

남편 K는 행주를 주방 한편에 그대로 두는 습관이 있다. 나는 그의 그런 습관 때문에 머리가 돌 지경이었다. 도대체 왜 행주를 건조대에 걸어두지 않는 걸까? 수없이 젖은 행주를 건조대에 걸어놓을 때마다 마음속에서는 또 다른 분노의 씨앗이 자랐다. 이 문제를 K에게 몇 번 이야기했지만 그때뿐, 한동안 잘 걸어두는가 싶더니 이내 잊어버리고는 다시 그냥 두었다. 이 문제가 머릿속을 떠나지 않았다. 다른 집 남편들도 다 이럴까? 아이들이 어질러놓은 것, 남편이 어질러놓은 것을 뒤치다꺼리하는 사람은 이 집에서 나뿐인가?

그러다 문득 이런 생각이 들었다. K가 행주를 주방 한편에 그냥 두는 것은, 주방 설거지를 다 마치고, 식기들을 말리고, 제자리에 두고 난 직후구나. 저녁을 만들고, 딸들에게 재미난 이야기를 들려주고, 나를 안아주며 오늘 하루 어땠는지를 물어본 후구나. 문득 K가 고맙다는 생각과 내가 행주에 너무 집착했다는 생각이 들었다. 결국 나는 K를 있는 그대로 받아들이기로 했다. 지금은 젖은 행주를 건조대에 걸어두는 나의 행동이 내 남편에 대한 감사함의 표시라고 생각하고 있다.

우리는 완벽하지 않다. 누구도 완벽하지 않다. 눈과 생각으로 상대를 보고 판단하지 말고 마음으로 상대를 본다면 어떻게 달라질까? 상대를 변화시키려고 애쓰지 말고, 있는 그대로 받아들이고 판단과 분노는 흘러가게 내버려두면 어떨까? 지금 무언가가 마음에 들지 않는다면 다음에는 다른 것을 선택할 수 있으니 좋은 정보를 얻은 셈이다. 있는 그대로를 받아들인다면 세상을 보는 관점이 달라지고 무엇이 진정으로 중요한지를 깨닫게 된다. 와비사비 관점으로 세상을 보면 사랑하는 이들을 위한 여유가 생긴다.

상대의 좋은 점을 보라

선 사상과 와비사비가 어떤 연관이 있는지 이해하고 싶었던 나는 교토 슌코인 사찰의 가와카미 다카후미 스님에게 가르침을 받았다. 스님은 불교 용어인 '공' 개념을 설명했다. 공은 '비어 있음' 혹은 '자아가 없음'이라는 의미로 번역되곤 한다. 가와카미 스님에 의하면 이 개념은 '자아의 부재'보다는 덜하고 '모든 것과 일체감을 이룬다'보

다는 나아간 개념이다. *

인간은 모두 연결되어 있으며 서로 의존한다. 우리를 둘러싼 세상, 혹은 타인 없이 인간은 홀로 존재할 수 없다. 다도에서 느끼는 유대감이 그토록 중요한 것도 이 때문이다. 그 순간에는 서로의 관계를 깊이 생각하고 그 관계에 감사할 수 있다. 바쁜 삶 속에서 잠시 멈춰서 오감을 동원해 다도를 즐길 때, 시간과 공간을 초월할 수 있다. 그러면 정신없는 우리의 삶에 다도 원칙이 어떻게 공감과 평온을 가져다주는지 깨닫게 된다.

얼마 전 나는 친구 마쓰야마 아이와 점심으로 유자밥과 겨울 채소를 먹었다. 마쓰야마 아이는 오래전 방송 진행을 공부하기 위해 다녔던 NTV 칼리지에서 만난 친구다. 아이는 내가 뉴스 원고를 읽을 때나 거리에서 시민들과 인터뷰할 때 조금도 나를 외국인 취급하지 않았다. 나는 그게 무척 좋았다.

수업을 들으며 긴장하고 압박감을 느껴야 할 상황은 헤아릴 수 없이 많았지만 아이는 늘 나를 웃게 해주었고 내가 지나친 중압감에 시달리지 않도록 도와주었다. 다시 만나 세련된 카페에 갔을 때도 나는 아이 때문에 카페 분위기에 민폐가 될 정도로 큰 소리로 깔깔거리며

* 가와카미 스님은 '무아無我'가 '스스로 마음과 몸을 통제하지 않는 방법'이라고 말했다. 그 예로 명상을 들었다. 명상을 할 때는 호흡에 집중하게 되고 비로소 마음이 자유롭게 흘러가기 시작한다.

웃었다. 늘 세상의 밝은 면을 보고 사는 아이에게는 언제나 좋은 기운이 물씬 풍겼다. 나는 아이에게 그런 긍정적 힘은 어디서 나오는지 물었다. 그러자 아이가 이렇게 대답했다. "누구를 만나든 그 사람에게서 최소한 한 가지 이상은 좋은 점을 찾으려고 노력해. 심지어 내가 정말 싫어하는 사람에게서도." 아이의 관대함은 그 혜택을 받는 이에게도 익명의 선물이지만 아이 자신에게도 관계를 유쾌하게 해주는 선물이었다. 아이의 이름이 한자로 '사랑'을 의미하는 '愛'인 것은 어쩌면 우연이 아닌지 모른다.

다시 가와카미 스님과의 대화로 돌아와서, 스님은 인간이 편견을 확정지으려는 성향이 있다고 말했다. 한번 누군가를 '나쁜 사람' 혹은 '좋은 사람'이라고 정하고 나면 그 편견을 뒷받침해줄 증거나 전제를 찾기 시작한다는 것이다. 이미 한 방향으로 마음을 정해놓고 그 위에 증거와 가정들을 쌓는 것이다.

하지만 이런 사실을 인지하고, 내가 상대를 보는 방식이 틀렸다는 증거를 찾기 위해 노력한다면 인간관계는 크게 달라질 수 있다. 부적절한 행동을 일삼는 사람, 나를 괴롭히는 사람, 나를 억지로 통제하려는 사람을 그대로 받아들이라는 말이 아니다. 사사건건 마음에 들지 않는 사람이라도 그 사람의 좋은 면을 찾아보려 노력하라는 의미다.

누군가의 불편한 습관 때문에 짜증이 날 때면 다음의 방법을 실천해보라.

- 스스로에게 '또 시작이군' 하고 말한 뒤, 일단 분노에 괴로움을 더하라.
- 더 이상 참을 수 없는 상황이라고 인식되면 이제 바꾸기 위한 조치를 취하라.
- 상대의 습관을 인정하고 더 이상 신경 쓰지 마라.
- 상대의 습관에서 좋은 점을 찾아보라. 내가 직관적으로 납득하기 어려운 습관이라도 상관없다.

모든 것은 나 자신에게 달렸다.

유대감

교토에 유학 온 지 얼마 되지 않았던 때, '철학의 길'로 유명한 작은 뒷골목을 걷다가 우연히 작고 아름다운 사찰 '안라쿠지'를 보게 되었다. 정문은 닫혀 있었지만 옆문이 조금 열려 있었다. 호기심 많은 10대였던 나는 열린 문틈으로 안을 들여다보았다. 사찰 안에는 다나카 부인이 다른 여성들과 즐겁게 웃으며 바구니 짜는 법을 가르쳐주고 있었다. 나와 눈이 마주친 다나카 부인은 들어오라고 손짓했다.

알고 보니 다나카 부인은 일본식 꽃꽂이인 이케바나 선생님이었다. 친절한 다나카 부인 덕분에 나는 이듬해부터 매주 월요일에 수업을 마치고 꽃꽂이를 배울 수 있었다. 선생님의 수업은 어떤 압박과 경쟁 없이 사람들과 유대감을 느끼고 우정을 쌓기 더없이 좋았다. 다나카 부인이 문틈을 엿보던 나를 불렀을 때, 부인은 외로운 유학생이던 나를 자신의 미적 세계와 문화 속으로 그리고 그 사람의 공동체로 초대한 것이다.

맨체스터 메트로폴리탄 대학 논문 자료를 읽다 보니 다나카 부인에 얽힌 추억이 물밀듯 밀려왔다. 내가 읽고 있던 논문은 성공에 대한 압박은 젊은 사람들의 외로움을 증대시키고 그들의 3분의 1이 외로움으로 고통스러워한다는 내용을 다루고 있었다. 이 연구는 '실패에 대한 두려움, 다른 사람을 실망시킬지도 모른다는 두려움, 소셜미디어를 보고 느끼는 압박, 삶의 큰 변화, 빈곤, 남들과 다르다는 생각' 등을 외로움에 큰 영향을 미치는 요인으로 꼽았다.

젊은 사람들에게 초점을 둔 연구이긴 하지만, 이는 모든 연령대와 사회 전반에 적용된다. 인기를 경쟁하는 소셜미디어는 말할 것도 없고 시험 성적, 스포츠 경기, 각종 음악 경연대회 등 모든 교육과정에서 경쟁을 부추긴다. 직장도 마찬가지다. 누가 승진을 했는가? 누가 '올해의 직원상'을 받았는가? 누가 실적을 가장 많이 올렸는가? 양육도 다르지 않다. 어느 집 아이가 가장 먼저 걸음마를 뗐는가? 누가 가장 먼저 말을 시작했는가? 누가 이번 대회에서 상을 받았는가? 누가 시험을 통과했는가?

가장 사랑하는 사람, 가장 가까운 사람이 성취한 것에 자부심을 느끼지 말아야 한다는 말이 아니다. 당연히 자랑스러워해야 한다. 하지만 성취한 것 말고도, 그 성취를 위해 노력했던 모든 과정과 수고도 자랑스러워하고 축하해야 한다.

사랑하는 이의 불완전한 모든 모습을 자랑스럽게 여기고, 인정하는 모습을 더 많이 보여줄수록, 혹시 일이 잘되지 않더라도 그들을 판단하거나 거부하지 않으리라는 마음을 잘 보여줄 수 있다. 사랑하는 이에게 - 휴대폰으로 보는 세상 말고 - 진정으로 중요한 것이 무엇인지 알려준다면 그들이 든든한 유대감을 느끼도록 도와줄 수 있다.

공기를 읽다

이 책을 준비하는 과정에서 개인적으로 인터뷰를 요청했던 사람들 대부분이 선뜻 인터뷰에 응해주었다. 무료로 화상통화를 할 수 있는 이 시대에 비행기를 타고 지구 반 바퀴를 날아와 대화한다는 것이 지나치게 보일 수도 있지만 내게는 매우 중요한 일이다. 순간의 아름다움에서 와비사비를 느끼는 정서는 사람에게도 똑같이 적용된다. 사람들은 말과 말 사이, 즉 꺼내지 않은 말들 사이에 많은 것들이 담겨 있다고 생각한다. 모두들 진심을 전하려면 얼굴을 직접 보고 대화를 나누는 것이 가장 좋은 방법임을 잘 알고 있다.

'공기를 읽는다'라는 일본 속담이 있다. 분위기를 파악해 적절히 행동한다는 의미다. 상대의 몸짓이나 표정 혹은 단순히 감정에서 단서를 얻을 수도 있다. 분위기 파악을 잘하면 어디서나 잘 어울릴 수 있다. 굳이 상대방이 필요한 것을 말하지 않아도 헤아릴 수 있고, 말을 해야 할 때와 귀 기울여야 할 때를 구분할 수 있다. 직관과 감성 지능, 공감 능력을 조화시킨다면 누구든 그렇게 할 수 있다. 이런 능력은 선뜻 말하기 어려운 이야기나, 불편한 이야기를 꺼내야 할 때 매우 유용한 도구가 될 수 있다. 단순히 눈으로 보고 귀로 듣기만 할 것이 아니라 직접 얼굴을 보고 상대의 이야기에 귀를 기울이며 진심 어린 대화를 나눠보자. 그리고 무엇이 달라지는지 지켜보자.

평온해지기

《텔레그래프》의 다니엘 드미트리우 기자는 일본에 대해 이런 글을 썼다. "도쿄는 세계에서 인구 밀도가 가장 높은 도시 중 하나지만, 그 아래에는 차분하고 효율적인 리듬이 흐른다." 교토에 대해서도 언급했다. "교토는 강변에 벚나무 꽃이 구름처럼 피어 있고 정갈하게 빗질된 모래와 하이쿠를 연상시키는 바위들이 놓인 사찰의 정원이 서로 다른 리듬으로 어우러지는 곳이다."

만원 지하철, 요란한 파친코(도박 기계-옮긴이) 소리, 시끄러운 안내방송 저 너머에는 마음을 편안하게 해주는 차분함이 존재한다. 사찰과 신사가 있기 때문이라고 말하는 이도 있다. (교토에만 2,000개가 넘는 사찰과 신사가 있다.) 도시 곳곳에 있는 자연 때문이라고 말하는 이도 있다. 가장 뜻밖의 장소에서 고요함과 단순함, 아름다운 순간을 보여주는 미적 감각 때문이라고 말하는 이도 있다.

소란스러운 삶에서 차분한 지점에 도달할 수 있다면, 더 나은 결정을 내리고 평온한 마음을 유지하고 더 깊게 소통하는 데 도움이 된다. 예기치 않은 상황을 맞닥뜨리거나 힘든 일을 겪을 때 치솟는 스트레스 호르몬을 줄일 수 있기에 정신 건강에도 좋다.

들뜨고, 행복에 도취되고, 즐거움에 흠뻑 취하고, 설레는 순간과 시기도 있다. 이런 극단적인 감정은 차분한 순간에는 잘 나타나지 않는다. 하지만 좋은 기분이건 나쁜 기분이건 극단적인 감정과 기분이 지나치게 오래 지속되면 매우 지친다. 일상의 스트레스와 불안을 극단적인 감정들이 겹겹이 덮는다면 삶은 혼란스러워진다. 차분함은 균형을 맞추고, 명료한 생각을 돕고, 평온하고 조용한 상태를 만들어주는 반가운 감정이다.

차분함은 우리에게 덧없음, 불완전함, 미완의 정서를 되새기게 해주며 최대한 단순함과 평온함을 추구할 수 있도록 독려해준다.

차분한 소통

2000년에 접어들 당시 나는 도쿄에서 2002년 한일 공동 월드컵 조직위원회에서 일했다. 세계에서 가장 큰 스포츠 행사를 공동으로 주최하다 보니 불가피하게 온갖 조직의 이해관계, 정치적 문제, 미묘한 협상 문제 등이 불거졌다.

당시 나는 일을 진행하면서 차분한 소통의 가치를 배웠다. 각자 의견 차이가 너무도 컸고 국가 간 오해의 벽도 나날이 두꺼워졌다. 문제들은 도무지 해결될 것 같지 않았고 각 이해 당사자들은 좌절했다. 하지만 그 어떤 문제도 분노나 힘을 과시하는 언어로는 해결되지 않았다. 오히려 노련한 통역사들의 도움으로 온화한 방식으로 풀어나갔을 때 문제가 해결되었다.

협상 테이블에 앉은 당사자 모두가 상대가 자신의 말을 들어주고 이해해주길 바랐다. 누군가 공격적으로 말할 때, 강압적인 태도를 보일 때, 뭔가 위협적인 말을 하거나, 강경하게 반대할 때, 우리 통역사들은 선택해야 했다. 발언을 한 사람의 부정적 에너지와 공격적 태도를 더욱 부각시키는 방식으로 전달할지 아니면 더욱 신중한 회의가 되도록 차분하게 전달해야 할지 혹은 대화를 중단시켜야 할지 등을 두고 선택을 해야 했다. 무턱대고 그대로 전달하거나 포기한다는 의미가 아니다. 더 나은 대화를 나누고 스트레스를 줄이기 위해 침착함이라는 도구를 활용했다는 의미다.

말보다 강한 것

인간은 목소리에 억양을 담고 몸짓과 표정을 드러내고 에너지를 발산하며 소통을 한다. 이 중 무엇을 선택하느냐에 따라 상대의 마음이 열리기도 하고 닫히기도 한다. 일단 상대가 마음을 닫으면 그 사람에게 말을 전달하기 어려워진다. 또한 부정적 에너지에 사로잡혀 상대와 대화를 나눌 때도 내가 원하는 말을 제대로 전달하기 어렵다.

나는 와비사비에서 차분한 소통에 관한 중요한 교훈을 얻었다. 내 감정을 표현하지 않고도 그 감정을 전달하고 소통할 수 있다는 점이다. 만약, 누군가 나를 화나게 만들었을 때 굳이 고함을 치지 않아도 하고 싶은 말을 할 수 있다. 상대방에게 쏘아붙이지 않고도 내가 지금 스트레스를 받았음을 충분히 전달할 수 있다. 이렇게 할 수 있다면 모두에게 더 나은 소통이 될 것이다.

밤새 비행기를 타고 오랜 시간 기차를 타서 나고야의 외딴 마을에 도착한 나는 몹시 지쳐 있었다. 온천에 도착하니 친절한 관리인이 따뜻한 차를 내주었다. 시작은 순조로웠다. 하지만 그의 말에 나는 당황했다.

"함께 오신 분들은 어디 있습니까?" 그가 물었다.

"저 혼자 왔는데요."

알고 보니 내가 예약을 한 방은 2인실이었다. 식사가 포함되지 않은 비용으로 예약했고 식사를 주문하기에도 너무 늦은 시간이었다.

가본 사람이라면 알겠지만, 일본 온천의 백미는 유카타를 입고 정성껏 준비된 그 지역 음식을 먹는 것이다. 온천 여행에서 식사 없이 방만 예약하는 사람은 없다.

"정말 죄송합니다만, 길을 따라 조금만 가시면 맛있는 라면집이 있는데 그곳을 알려드릴 수는 있습니다." 관리인은 난처해하는 나를 보며 조심스럽게 말했다.

속이 상했다. 밖에는 눈이 발목 높이까지 쌓여 있었다. 뜨거운 물에 온몸을 담그고 온천을 즐긴 다음, 라면 한 그릇 먹기 위해 추운 밖으로 나가 터벅터벅 걷고 싶지는 않았다. 누구나 그러하듯 아늑한 호텔에서 다양한 만찬을 즐기고 싶었다.

물론 나의 실수였다. (엄밀히 말하면, 나의 실수기도 하지만 온천에서 식사 없이 방만 예약되는 상품을 판매한 익스피디아의 실수이기도 하다.) 하지만 실수를 인정한다고 해도 달라질 것은 없었다. 머릿속은 이런저런 생각들로 어수선해졌다. 왜 나는 예약할 때 단 5분 만이라도 차분히 집중하지 못했나? 왜 나는 세부 사항을 좀 더 찬찬히 읽지 않았나? 내가 하는 일이 늘 그렇지 뭐. (사실 절대 그렇지 않다. 나는 사무적이고 논리적인 일은 꽤 잘하는 편이다.) 때때로 순간의 혼란은 삶 자체를 앗아가는 것처럼 느껴지기도 한다.

하지만 그때 나도 모르게 불쑥 정중한 사과의 말이 나왔다. "아, 걱정하지 마세요. 예약할 때 좀 더 상세히 읽어봤어야 했는데 그러지 못했어요. 나가노의 맛있는 음식들을 먹지 못하다니 무척 아쉽지만,

실수를 해서 일을 망친 건 전적으로 제 잘못입니다. 공연히 혼란을 드려 죄송합니다."

아마 내 목소리에서 뭔가 전달되었음이 틀림없다. 극도로 예의 바른 말을 정중하게 꺼내는 나의 언어가 관리인의 마음 어딘가를 건드렸던 것 같다. 혹은 그저 뜨거운 물에 온천을 하고 맛있는 저녁을 먹고 싶었던 한 지친 외국인이 시끄럽게 소란을 피우지도 야단법석을 떨지도 않고 뜻밖에 정중하게 사과를 하자 관리인의 생각이 바뀌었던 건지도 모른다.

"앉으세요. 일단 차와 케이크 좀 드세요. 사무실로 가서 도와드릴 방법이 있는지 알아보겠습니다." 그는 인사를 하고 종종걸음으로 나갔다.

내가 차와 간식을 먹고 있는 동안 그는 좋은 소식을 들고 돌아왔다. 식사 주문 시간은 지났지만 주방장이 긴 거리를 여행한 손님이니 특별히 식사를 만들어주겠다고 말했다는 것이다. 12가지 요리가 나오는 정식으로 말이다. 관리인은 식사를 하겠냐고 물었다. 말이 필요 없는 질문 아닌가? 그야말로 감동이었다. 극적인 일도, 스트레스도 없었다. 그저 친절함만 있었다.

나는 그날 밤, 호텔 레스토랑에서 연근과 새우, 미소로 양념한 완두콩을 맛있게 먹으며 생각에 잠겼다. 이토록 정성스러운 정식을 대접해준 요리사에게 마음속으로 감사의 인사를 했다. 은은한 불에 지역 특산 소고기와 양파를 익혀서 먹는 동안, 나는 왜 어떤 문제에 대처할 때 본능적으로 스트레스, 분노, 비난 등의 반응이 먼저 나오는 건지 곰곰이 생각했다. 그런 본능적인 반응이 문제를 해결하는 데 과연 얼마나 도움이 될까?

료칸에서의 이 경험을 복기해보며 나는 갈등 상황에 직면했을 때 스스로에게 해볼 다음의 질문들을 떠올렸다.

- 내 진짜 기분이 어떤가? 처음 생긴 분노나 좌절의 감정 이면에 자리한 더 깊은 감정은 무엇인가? 어쩌면 그 감정은 전혀 다른 감정일 수도 있다. 외로움, 두려움, 죄책감, 슬픔 같은 감정인지도 모른다. 이 감정들을 살펴보면 최초에 든 분노의 감정을 식히는 데 도움이 된다.
- 지금 무슨 일이 벌어지고 있는가? 왜 저 사람이 내 앞에서 저런 말을 하는 건가? 상대의 말을 경청하고 그 사람의 입장에서 생각하려고 노력하면 나와 생각이 다르더라도 상대를 이해하는 데 도움이 된다. 그러다 보면 마음이 차분해지고 효율적인 방법으로 대처하게 된다.
- 나는 무슨 말이 하고 싶은가? 그리고 왜 그렇게 말해야겠다고 생각하는가?
- 나의 행동과 말은 상황을 해결하고 극복하는 방법을 찾고 싶어서인가 아니면 논쟁에서 이겨서 승점을 얻고 싶은 이기심 때문인가? 경쟁이나 속임수가 아니라 서로에게 도움이 되는 해결책

을 찾는 데 집중한다면 더욱 차분하게 상황에 대처할 수 있으며 문제도 더 빨리 해결할 수 있다.

분노가 치밀어 오를 때 혹은 아이들이나 배우자, 동료에게 잔소리를 퍼붓고 싶을 때, 위 질문들을 생각해보기 바란다. 더 차분하게 문제를 해결할 방식을 찾아보라. 그렇게 해서 일이 해결되고 나면 내 감정이 어떻게 달라지는지도 살펴보라.

와비사비 관점을 모든 인간관계에 적용하면 인간관계를 보는 방식이 얼마나 달라지는지를 금방 깨닫게 된다.

일상에 다도 정신 적용해보기

남편이나 자녀, 부모, 친구, 직장 동료 등 특정한 사람을 구체적으로 떠올려보라. 그리고 그 사람과의 일상적인 관계에서 적용할 수 있는 것들이 무엇인지 생각해보라.

와(조화)

- 조화로운 관계를 위해 내가 더 할 수 있는 것은 무엇인가?
- 조화로운 관계를 위해 내가 덜할 수 있는 것은 무엇인가?
- 내가 달라질 수 있는 부분은 무엇인가?

- 가장 먼저 시도할 수 있는 일은 무엇인가?
- 내가 알아챌 수 있는 삶의 사소한 부분은 무엇이며 더 집중해야 하는 부분은 무엇인가?
- 그 사람의 생활 리듬은 어떤가? 내 삶을 그 사람과 함께하기 위해 더 고려해야 하는 점들은 무엇인가? (가령, 진지하게 대화를 나눌 시간대, 피곤한 하루를 보내고 난 뒤 혼자만의 시간 주기, 고된 일을 마친 상대에게 늦잠 자라고 말해주기 등을 생각할 수 있다.)
- 상대가 나의 생활 리듬을 배려하게 하려면 어떻게 해야 하는가?
- 상대가 나를 지지하게 하려면 나의 무엇을 그 사람과 나누어야 하는가?

케이(존중)

- 그 사람의 어떤 점을 존중하는가? 그 사람이 내가 그 점을 존중한다는 점을 알게 하려면 어떻게 해야 하는가?
- 지금 그 사람에게 어떤 방식으로 친절함을 보여줄 수 있는가?
- 그 사람과의 관계에서 어떤 방식으로 나의 겸손함을 보여줄 수 있는가?

세이(깨끗함)

- 상대에게서 가장 좋은 점을 찾을 때, 무엇을 보는 편인가?
- 위 사실을 상대가 알게 하려면 어떻게 해야 하는가?

- 그 사람과 갈등을 빚었던 때로 돌아가 보자. 그때 내가 그 사람에게서 가장 좋은 점을 보려고 노력했다면 무엇이 달라졌을까?

자쿠(고요함)

- 나의 인간관계에서 차분함을 기르려면 어떻게 해야 하는가?
- 감정적으로 반응하게 되는 특정 시간대나 상황이 있는가? 갈등 상황에 조화와 존중, 깨끗함과 차분함으로 대처할 때 어떤 좋은 점들이 생기는가? (쉽지는 않겠지만 큰 변화를 만들 수 있다.)
- 다른 사람과 함께하는 시간이 더 여유롭고 평화로우려면 어떻게 해야 하는가?

와비사비 위즈덤

- 와비사비는 관계의 문을 열어준다.
- 완벽한 사람은 없다. 인간관계는 서로의 불완전함을 존중해줄 때 더 깊어진다.
- 다도의 네 가지 원칙인 조화, 존중, 깨끗함, 고요함은 인간관계를 윤택하게 만들어주는 데 도움이 된다.

.

7장. 나의 일, 나의 삶

일일시호일日々是好日
: 모든 날이 좋은 날이다.
-선불교 법언

와비사비와 직업을 연관시켜 말하는 것이 어색할 수도 있다. 직업이라는 말은 어딘지 전투적이고, 경쟁적이며, 억압적이고, 특정 목표를 향해 있다는 느낌을 주기 때문이다. 반면 와비사비는 위 언급한 말들과는 정반대 이미지다. 하지만 와비사비의 렌즈로 직업을 들여다보면 깨달을 점이 많다는 것을 알게 된다.

나는 와비사비의 핵심 철학, 즉 모든 것은 덧없고 불완전하며, 미완이라는 가르침이 마치 직업 세계를 마음껏 탐구하고 경험하라고 권하는, 관대한 허락처럼 느껴진다. 흔히들 직업을 1차원적으로 하나의 선에 놓고 생각하지만, 와비사비는 삶이란 원처럼 순환하며, 일생에 하나 이상의 직업을 가져도 좋다고 일깨워준다. 이 장에서는 직업을 하나의 여정으로 보고 이를 즐기는 방법을 살펴볼 것이다. 살펴보고 나면 여러분이 어떤 길로 나아갈지 선택하는 데 도움을 줄 것이다.

와비사비가 만드는 선순환

도달하기 어려운 완벽함을 추구하다 보면 어울리고 싶지만 눈에 띄고 싶고, 꾸준하고 싶지만 앞지르고도 싶은, 충돌하는 욕망들 때문에 이미 우리가 가지고 있는 것들을 보지 못하는 경우가 많다.

나도 일을 하면서 완벽함에 대한 유혹이 좋은 방향이건 나쁜 방향이건 막대한 영향을 미친다는 사실을 깨닫게 되었다. 그 유혹은 사람들의 삶 구석구석에 손을 뻗는다. 비단 직장에만 영향을 미치는 것이 아니라 일상에서의 자신감과 자존감이 무너지고, 걱정거리와 스트레스가 잔뜩 쌓인다. 사람들의 귀중한 자원, 즉 시간과 돈을 분배하는 방식에도 실질적인 영향을 미친다.

다음은 대다수 사람들이 직장 생활에서 느끼는 주된 고민들이다.

• 내 일을 좋아하지만 스트레스가 너무 크다. 내가 다른 일을 하고 싶은 건지, 직업을 바꾸고 싶은 건지, 아니면 그냥 이 일을 더 잘할 방법을 찾고 싶은 건지 잘 모르겠다.

• 내 일이 싫다. 하지만 나도 모르게 몰두하게 된다. 자신감 결핍일 수도 있고 내가 할 수 있는 다른 일이 뭔지 잘 몰라서일 수도 있다. 이 일에 발목이 잡혔다는 생각도 든다. 경제적 문제나 지금껏 들인 노력이 아까워서 계속하고 있는 것 같기도 하다.

• 하는 일도 괜찮고, 적절한 보상도 받는다고 생각하지만(혹은 이

일을 잘하긴 하지만) 뭔가 다른 일을 하고 싶다. (이 경우 대다수가 창의적인 일을 꿈꾼다.) 하지만 막상 다른 일을 한다는 생각만으로도 겁이 난다.

- 요즘 내가 하는 일은 부모 노릇이다. 다시 직장 생활을 하고 싶지만 업무 시간이나 계획이 아주 유연해야 가능하다. 심지어 예전에 하던 일이 여전히 내게 잘 맞을지 모르겠다.
- 지금 아이들을 양육하는 데 헌신하는 것이 자랑스럽다. 하지만 아이들이 나이가 들었을 때를 대비해 지금 뭔가를 하고 싶다.
- 나는 쓸모없는 사람이다. 그것이 재앙인지 뒤틀린 축복인지는 모르겠다.

이 모든 고민 중에 실질적인 문제는 드물다. 많은 이들이 '돈'과 '시간'을 큰 어려움이라고 말하지만 사실 이 문제는 현명하게 우선순위를 정하는 문제로 귀결되곤 한다. 좀 더 유연하게 일을 할 방법이나 재택근무 정보, 직접 사업을 하는 방법 등 무수히 많은 기회들을 잘 알지 못하는 경우도 많다.

하지만 변화를 가로막는 무언가에 막힌 기분, '꼼짝 못하고 갇힌' 느낌의 밑바닥에는 진짜 장벽이 있다. 잘하지 못할까 봐, 잘 알지 못할까 봐 생기는 두려움이다. 실패에 대한 두려움이며, 완벽하지 못할까 봐 생기는 두려움이다. 그 일이 앞으로 어떻게 될지 모르는 상태에서 변화를 주기 두려운 마음이고, 통제권을 잃는 것에 대한 두려움이다. (혹은 처음부터 통제하고 있지 않다는 사실에 대한 두려움이다.) 사람마다 처한 상황은 다르지만 패턴은 비슷하다. '완벽함에 실패'할 때 생기는 악순환에 빠지는 것이다. 악순환의 구조는 다음과 같다.

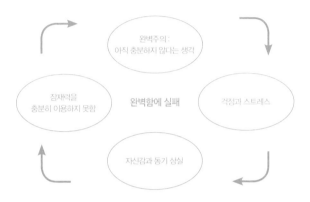

모든 것은 본래 일시적이고 불완전하며 완성된 것은 없다는 것을 인정하고, 와비사비가 들려주는 지혜와 방법을 활용한다면 이 악순환의 고리를 끊을 수 있다. 마음을 느긋하게 먹고, 나 자신에게 관대해지고, 좀 더 즐거운 여정을 선택하는 것만으로도 어마어마한 것들을 얻을 수 있다.

그렇게 할 때 '완벽하게 불완전한' 선순환의 고리를 만드는 데 도움이 된다. 선순환의 고리는 다음과 같다.

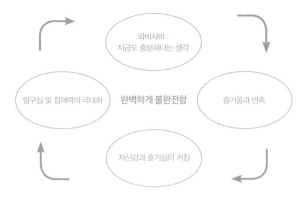

와비사비 방식 적용하기

직장에서 벌어지는 모든 일에 집중하기란 어렵고 경쟁과 비교를 피해가는 것은 거의 불가능하다. 물론 경쟁이나 비교는 진정으로 하고 싶은 것들을 열망하게 해주기도 한다. 하지만 자칫 이런 것들 때문에 경로를 이탈하면 더 큰 상처가 된다.

하지만 누군가의 성공이 나의 성취에 방해가 되지는 않는다는 점을 잊어서는 안 된다. 그들은 각자의 길을 걸을 것이다. 나는 나의 길을 걸으면 된다. 어디를 가든, 내가 가고 싶은 길을 가는 데 필요한 모든 것은 내게 달려 있다.

매사에 진심으로 임한다면 어느 직장에서나 당신을 만난 것을 행운이라고 생각할 것이다. 만약 그들이 당신의 진가를 몰라준다면 혹시 다른 변화를 주어야 할 때가 아닌지 살펴보라.

2장에서 살펴보았던 일본 미학 정서의 토대를 이루는 네 가지 요소를 생각해보자. 이것을 우리의 일에 적용해보자.

모노 노 아와레

덧없는 아름다움.

- 지금 내 일의 좋은 점은 무엇인가?
- 지금 내 삶과 직업의 다음 단계를 생각해본다면, 지금은 무엇을 할 때인가?
- 지금 이 순간을 가장 충만하게 보내기 위해 가장 필요한 것은 무엇인가?

유겐

상상으로 가늠하는 세상의 깊이. 신비한 아름다움. 자신이 형언할 수 없이 거대한 어떤 것의 일부임을 깨닫는 것.

- 일의 방향을 정하고 통제하려고 얼마나 애쓰고 있는가? 만약 조금만 내려놓고 신비한 아름다움에 조금만 마음을 연다면 무엇이 달라질까?
- 일에서 내가 추구하는 혹은 추구할 수 있는 더 큰 목표는 무엇인가?
- 오랫동안 버려둔 꿈이 있는가? 내 업무 시간을 어떻게 바꾸어야

그 꿈을 다시 꿀 수 있을까?

와비

단순함에서 발견한 아름다움을 인식함으로써 생기는 정서. 물질적인 세상과 동떨어진 곳에서 느끼는 조용한 만족.

- 어떻게 하면 일을 더 단순화할 수 있을까? 작업량을 줄이고 소통을 간소화해서 진정 중요한 것에 집중하려면 어떻게 해야 할까?
- 소란스러운 상황을 최소화하고, 권력 다툼이나 소문을 피하고, 더 차분하게 일하려면 어떻게 해야 하는가?
- 완벽한 성향 때문에 과중한 업무에 시달리지는 않는가? 함께 그 일을 하는 사람을 좀 더 신뢰한다면 얼마나 여유가 생길 것이라 생각하는가?
- 단지 카드값과 공과금을 내기 위해 일을 하고 있다면, 재정 상태를 점검해본다. 지금 하는 일에 지나친 부담을 느끼지 않도록, 삶을 좀 더 단순하게 만들 방법을 찾아볼 수 있겠는가?
- 하는 일이 어렵지는 않은가? 일할 때 어떤 방식으로 재능을 활용하는가? 재능을 더 활용하는 방법은 무엇인가?

사비

시간의 흐름에서 느껴지는 평온하고 깊은 아름다움.

- 최근 몇 년 동안 업무 능력이 얼마나 향상되었는가? 무엇을 배웠는가?
- 지나치게 빠르게 진행하려고 스스로 압박하고 있지는 않은가? 시간의 흐름에 따라 더 느긋해진다면, 더 풍요로운 시간을 보낸다면 어떤 변화가 생길까?
- 변화가 필요한 시기라고 생각된다면, 다른 곳에서 사용할 기술은 익혔는가? 지금 하는 일의 다음 단계로 들어섰을 때, 인생에서 배운 교훈 중 무엇을 적용할 수 있겠는가?

직업이나 일에서도 정서적 요소가 중요하다. 일에서도 잠시 쉬어가는 여유와 작은 것에 집중하는 태도, 새로운 것에 마음을 여는 자세가 필요하다.

느린 개혁

시마네현 산자락 깊숙한 곳에 아름다운 오모리 마을이 있다. 수백 년 전 전성기에는 약 2만 명의 사람들로 북적였던 이와미 은광이 있었다. 하지만 1923년, 광산 산업들이 쇠퇴하면서 은광도 폐광되었고 마을도 서서히 쇠락했다. 마을 인구도 점점 줄었다. 아마 이곳을 되살리려는 이들의 크나큰 노력이 없었다면 마을에 거주민이 한 명도 남지 않았을지도 모른다. 그 노력의 주인공은 바로 마쓰바 부부다. 마쓰바 부부는 1980년대 이곳으로 이사와 마을에 새로운 활기를 불어넣었다. 현재 이와미 은광은 유네스코가 지정한 세계 문화유산으로 지속 가능한 발전의 상징이 되었다.

디자이너인 마쓰바 도미와 남편 다이키치가 어린 딸과 함께 오모리 마을로 이사를 온 것은 거의 40여 년 전이다. 부부는 가족이 평온한 보금자리를 꾸리기에는 나고야보다 이곳 오모리 마을이 더 적합하다고 생각했다. 시골 마을에서 할 일이 많지 않았던 도미는 낡은 천으로 조각보를 만들기 시작했고 완성된 작품을 다이키치가 내다 팔았다. 이것이 '슬로 클로싱Slow Clothing' 운동을 주도한 사업의 시작이었다.* 현재는 '군겐도'라는 브랜드로 전국에 매장을 운영 중이다. 이 기업은 현재 지역 주민 50여 명을 고용하고 있으며 전국에 여러 개의 매장을 운영하고 있다. 도미는 내게 이렇게 말했다.

우리는 군겐도를 패션 브랜드라고 생각하지 않습니다. 우리의 가치를 공유하는 사람들이 점점 늘어나다 보니 우리 제품도 주목받는 것이라고 생각해요. 우리가 내놓는 모든 물건의 품질을 유지하고, 사람

* 지속 가능한 지역 성장을 위한 '슬로 클로싱'은 우리가 사서 입는 옷의 의미와 가치, 그것이 일상에 주는 기쁨을 깨닫고, 옷이 환경과 사회에 미치는 부정적 영향을 최소화하자는 취지의 운동이다.

들이 평온하고 아름다운 삶을 살도록 도와주는 것이 우리의 사명입
니다.

도미와 다이키치는 그 지역에서 나는 자연 소재와 지역 주민들의
노동력으로 세련된 옷과 생활용품을 만들고 있다. 부부는 마을의 역
사를 보존하기 위해 오래된 건물 몇 채를 인수했다. 일부 건물은 관
광객을 위한 고급 숙박 시설로 만들고 몇몇 건물은 예술 공연과 전시
를 위한 공간으로 활용하고 있다.

오모리 마을 중심가를 걷다 보면 빵집 앞에 삼삼오오 모여 대화를
나누는 젊은 부모들과 자전거를 타고 출퇴근하는 사람들, 산에서 나
물을 캐는 사람들과 마주친다. 잘 보존된 오래된 목조주택들이 양옆
으로 늘어서 있고, 다정한 목소리가 골목 이곳저곳에 소곤거린다. 삶
이 느리게 흐르고, 공간은 활기차고 주민들의 자부심이 넘친다.

이곳에서 도미는 사랑하는 일을 하면서 삶과 일을 차곡차곡 지어
나가고 있다. 도미는 마을 공동체에서 중추적 역할을 하고 있으며 그
역할에 자부심을 느낀다. 일본인들에게 2011년 일본 대지진은 물질
적 성공과 삶의 우선순위에 대해 다시 생각하게 하는 계기가 되었다.
이후 이 마을로 오는 이주자들도 늘어났다.

도미 부부는 지속 가능한 사업을 개척했을 뿐 아니라 직업이 얼마
나 다채로울 수 있는지, 또 얼마나 발전할 수 있는지 좋은 본보기를
보여주었다. 처음 이 일을 시작했을 때만 해도 부부는 이 모험의 종

착지를 알지 못했다. 지금 도미는 할머니가 되었지만 여전히 아이디어와 에너지가 넘친다. 도미의 인생에서 이미 끝난 일은 없다. 도미는 늘 그 점을 감사히 여긴다.

군겐도의 신조는 '뿌리가 있는 삶'이다. 도미는 이렇게 말한다.

> 나무 같은 삶이 이상적이라고 생각해요. 땅에 뿌리를 내리고 뻗어나가면서 제 몸을 단단히 세우고 느릿느릿 성장해나가는 나무요. 우리도 땅에 뿌리를 내렸다고 생각하고 일상을 즐기고, 장기적인 목표를 추구하고, 주위 사람들에게 긍정적인 영향을 미친다면 좋겠지요.

개인적으로 도미가 43세에 군겐도를 시작했다는 사실이 매우 크게 와닿았다. 너무 늦은 나이는 없다. 도미는 우리에게 한 가지 일이 얼마나 반짝이는 보석들을 펼쳐 보이는지 잘 알려주고 있다. 단단한 철학을 품고 가슴이 가라고 하는 길을 간다면, 우리도 그런 보석들을 만날 수 있다.

나만의 길

한자 중에서 내가 가장 좋아하는 글자는 '도道'다. '길, 경로'라는 의미다. 이 글자는 주로 다른 글자와 함께 쓰여 '방법'이라는 의미로 자주 사용되는데 이때는 '도'라고 발음한다. '다도'에도 이 한자가 쓰인다. 차를 마시는 법이라는 의미다. 무사도는 무사의 길이라는 의미이며 서도는 서예의 방법이라는 의미다.

직업에도 여러 길이 있다. 멀리 걸어간 다음 뒤를 돌아보면, 길이 그저 구불구불하지만은 않다는 사실을 알게 된다. 완만하게 굽이친 길이 있는가 하면 가파르게 휘도는 길도 있다. 지금 있는 곳에 오기까지 시간이 얼마나 걸렸는지는 중요하지 않다. 다음에 도착할 지점까지 얼마나 시간이 걸릴지도 중요하지 않다. 사실 결과는 중요하지 않다. 중요한 것은 성취한 결과가 아니라 그 결과를 성취하는 과정이다.

혼합매체 예술가 사라 카바리티는 30년 가까이 일본 무술을 연마하고 있다. 사라는 무술을 익힌 경험이 여전히 삶의 여러 단계에서 많은 교훈을 준다고 말한다.

간단히 말하면, 배우는 법을 배웠습니다. 규율과 고된 훈련, 끈기의 중요성도 배웠고 모든 일을 열정과 즐거운 마음을 가지고 임하는 법도 배웠습니다. 자세를 잡고 체력을 기르기 위해 무수히 많은 시간을 연습했습니다.

비즈니스 용어 사전에서 단어 '주교(수업)'를 찾아보면 다음과 같은 설명이 나온다. '일본의 가치 체계에서는 무언가를 행해서 얻은 것보다 행하는 과정에 더 비중을 둔다…… 뭔가를 배우기 위해 더 열심히 노력하는 것 자체가 공부이며, 뭔가를 배우는 데 필요한 노력을 더 많이 기울일수록 더욱 가치 있는 지식과 기술을 얻는다고 믿는다.'

뭔가를 만들어나가는 과정은 대단히 중요하다. 그 과정이 전부라 해도 과언이 아니다. 손으로 만든 물건이건 삶의 태도이건 마찬가지다. 도예가 마키코 헤이스팅스는 절대로 무결점의 완벽함을 추구하지 않는다. 다만 더 나은 도자기를 만들기 위해 열심히 노력할 뿐이다. 마키코는 불완전함이 사물의 본질임을 잘 알고 있기에 최대한 본질에 가까운 모습으로 만들기 위해 노력하며, 완벽한 지점에 도달하게 되리라는 헛된 기대도 품지 않는다.

완벽함과 뛰어남의 차이

'뛰어나다'가 동기부여에 사용될 때는 대단히 귀중한 말이 될 수 있다. '뛰어나다'는 언젠가는 도착하리라는 기대를 품었다가 그 목적지가 결코 도착할 수 없는 곳임을 깨닫고 실망하는, 완벽함을 향한 무모한 여정과는 완전히 다르다. 완벽함과 뛰어남의 언어적 차이는 미묘할지 몰라도 그 효과는 어마어마하다.

사라 카바리티가 추구했던 것도 이 뛰어남이다. 사라는 유러피언 조도(두 사람이 긴 막대로 무술을 겨루는 경기─옮긴이) 대회에 참가했을 당시 특정 동작을 해낼 수 있을까 하는 생각에 잔뜩 긴장했다. 그때 사라의 스승이 다가와 이렇게 말해주었다. "사라, 모든 훈련을 마친 네 몸은 무얼 해야 할지 잘 알고 있어. 그걸 못하게 막는 건 네 마음이야." 그 순간 사라는 깨달음을 얻고 마음을 내려놓았다. 목표를 정하고, 훈련을 하고 최선을 다했다면, 이제 믿기만 하면 된다. 사라는 이 사실을 잘 알고 있었다. 사라와 동료는 금메달을 땄다. 사라는 이렇게 말한다.

내려놓고 믿을 때 기적이 벌어집니다. 설령 합리적인 길로 보이지 않더라도 말이죠. 무술은 동작과 기의 흐름을 거스르지 않고 함께 흐르는 법을 가르쳐줍니다. 마음을 열고 그 순간에 온전히 머물러야 합니다. 내려놓는 것은 삶의 교훈이자 일상의 지혜입니다. 당연히 목표를 정하고 연습해야 하지만, 어느 순간 모든 것들이 잘 흘러가리라 믿고 맡겨야 할 때가 옵니다. 요즘 제 일상의 주문은 '그냥 맡기라'입니다.

나만의 속도

완벽하게 불완전한 삶의 행로에서 꿈을 향해 나아가려면 자기 자신과 그 길에 대한 노력과 신뢰가 필요하다. 노력도 채 하기 전에 모든 답을 다 알아야 한다는 생각, '완벽한' 미래의 청사진이 있어야 한다는 생각은 내려놓아야 한다. 와비사비 관점으로 보면, 남들과 똑같은 생각 혹은 타인이 정한 기준에 맞춰야 한다는 생각에 집착하지 않아도 된다. 진짜 중요한 것에 더 집중하면 된다. 끊임없이 물어보고, 쉬지 않고 움직이고, 때론 천천히, 때론 빠르게, 삶의 밀물과 썰물을 따라 움직이면 된다.

요즘에는 처음부터 빠르게 돌진하며 시작하는 것이 기본 속도라고 생각하는 이들이 많다. 속도를 늦춘다는 것이 야망을 갖지 않거나 재미있는 일을 하지 말아야 한다는 의미는 아니다. 서두르지 않는다는 의미이며 때에 따라 속도의 완급을 조절한다는 의미다.

노력에도 강약 조절이 필요하며 이는 행복한 삶을 위해서도 대단히 중요하다. 여러 가지 일을 동시에 진행하다 보면 온전히 하나에 집중하지 못하게 된다. 이럴 때는 우선순위를 정해서 한 번에 한 가지 일에만 집중해야 한다.

가장 크게 영향력을 미칠 수 있는 지점에 노력을 쏟아부어야 하며, 진심으로 가고 싶은 길로 방향을 잡아야 한다. 모든 노력을 기울일 때는 다른 것들은 잠시 옆으로 밀어두어야 한다. 한 가지에 집중해 모든 노력을 다한 뒤에는 회복할 시간을 가져야 한다. 한동안 자신에게 느긋하게 갈 수 있는 시간을 주어야 한다. 노력의 강도를 어떻게 활용하느냐에 따라 즐거운 여정이 될지 그렇지 않을지가 결정된다.

변화를 대하는 자세

산업혁명 이후 일의 속도는 나날이 빨라지고 있다. 기존 직업들은 사라지고 새로운 직종이 생겨나고 있다. 지금 하는 일이 50년 후에는 어떻게 될지 아무도 모른다. 흘러가는 것들을 붙잡으려 기를 쓰며 살 수도 있고, 변화를 받아들이면서 살고 싶은 인생에 어울리는 직업을 가지려고 노력할 수도 있다.

　기술이 급속도로 발전하면서 많은 이들이 일할 장소와 시간을 선택할 수 있게 되었다. 우리가 변하지 않더라도 세상은 변할 것이다. 변화를 포용하느냐 마느냐, 현 상태를 받아들이느냐 마느냐에 따라 직업에 미치는 영향이 달라진다.

　우리의 기술과 능력은 어느 한 분야에만 고정된 게 아니며 다양한 분야에 적용될 수 있다. 직업이 경직된 것이 아니라 역동적으로 변할 수 있다는 사실을 인지하고 마음을 느긋하게 먹을 때 미지의 가능성에도 마음을 열 수 있다. 한때 안정적이라 생각했던 직업이 영구적이지 않다는 사실을 인지하고 준비하면 상황이 변하더라도 더 잘 대비할 수 있다. 또한 힘든 시기를 보낼 때도 이 괴로운 시기가 영원히 지속되지 않는다는 사실을 알고 있다면 더 잘 대처할 수 있다. 지금 하는 일을 미래에도 하고 싶을까? 나이가 들어가면서 원하는 일도 달라지기 마련이다.

　이는 성공에 필요하다고 배워왔던 모든 관념과 정면으로 배치된다.

흔히들 한 가지 일을 꾸준히 하라고 말한다. 돈과 지위를 목표로 완벽한 어느 지점에 도달하지 않으면 실패했다고들 말한다. 지난 10년간, 나는 직업을 바꾸려는 사람들을 상담하고 그들이 진정으로 좋아하는 일을 찾도록 도와주었다. 그러다 보니 사람들의 고정관념도 서서히 변하고 있는 것을 발견할 수 있었다. 하지만 아직도 갈 길이 멀다. 대다수가 여전히 다른 사람의 시선에 지나치게 신경 쓰고 살지만 자기 자신을 납득시키는 데는 그다지 큰 노력을 기울이지 않는다.

이 변화의 시대에 적응하며 살아가려면 많은 것들을 보고 읽고 그것들에 공감하고 질문하고 적응해야 한다. 전문가들은 지금 우리 세대 일부와 다음 세대는 100세 이상 살 거라고 말한다. 그렇다면 우리의 삶에서 무엇이 달라질 것인가?

장기적 관점에서 나의 일 바라보기

- 70대 혹은 80대까지 일을 해야 한다고 가정해보자. 지금의 삶에서 무엇이 달라지는가?
- 지금 하는 일이 그때까지 여전히 존재한다면 이 일을 그 나이대까지 하고 싶은가?
- 그렇지 않다면 인생의 후반부에는 어떤 일을 하고 싶은가?
- 지금 하는 일이 머지않아 사라진다면, 다른 일을 찾기 위해 어떤

노력을 할 것인가?

- 다른 일을 하기 위해 어떤 기술이나 연습을 할 것인가?
- 창의적인 아이디어나 다른 일에 더 많은 관심을 둘 것인가?

질문에 대답을 마쳤으면, 이번에는 가슴에 저 질문들을 해보라. 가슴은 뭐라고 답하는가?

명심하라. 우리의 가슴이 아름다움에 반응하는 것이 와비사비의 핵심이다. 여러분의 일에서는 어떤 아름다움을 만들어낼 수 있는가?

나만의 중심 잡기

우리는 아이들에게 '크면 뭐가 되고 싶어?'라고 묻곤 한다. 하지만 아이들은 때로 어른들의 반응 때문에 치유되지 않는 상처를 입기도 한다. '예술가라고? 예술가는 안 돼. 예술가는 돈을 못 벌잖니.' 특정 직업만을 꿈꾸는 아이들도 있다. 가지고 있으면 뿌듯할 직업, 많은 이들이 선망하는 그런 직업을 갖는 것이 꿈의 전부인 경우도 있다. 그것들은 부모가 원하거나 부모가 아이들에게 반드시 그렇게 되어야 한다고 끊임없이 강요해서 생긴 꿈이다.

하지만 만약 전문직이 되지 못한다면? 혹은 전문직에 종사하게 되더라도 그 일을 좋아하지 않는다면? 좋아하지도 않는데 부모님을 실망시킬까 봐 그만두지도 못한다면? 아니면 직함, 지위, 고객, 월급, 사회적 인지도 등을 위해 경쟁하며 살다가 중년이 되어 지칠대로 지친 몸과 마음으로 지난 20년간의 삶에 회의를 품는다면? 아마 자녀들이 이렇게 살기를 원하는 사람도, 자기 자신이 이렇게 살기를 원하는 사람도 없을 것이다.

이 모든 예는 실제로 내가 겪고 본 사람들의 이야기다. 나를 찾아오는 사람들은 지금 하는 일을 더 이상 견디지 못해서 진심으로 좋아하는 일을 찾기 위해 오는 경우가 많다. 하지만 어떻게 변해야 할지, 할 수 있는 일을 어떻게 찾아야 할지 방법을 모르는 경우가 태반이다. 다행인 점은 그들 모두 자신의 잠재력이 얼마나 어마어마한지 모른다는 사실이다.

아시아와 영국, 미국에서 1만 명 이상의 사람들을 대상으로 진행한 설문조사를 토대로 한 「미래 직업 보고서Workforce of the future」에는 이런 내용이 있다. "현재 우리는 직업의 근본적 변화가 일어나는 시기에 살고 있다. 자동화와 인공지능이 인간의 업무와 일을 대신하고 있으며, 조직 내에서 인간에게 기대하는 기술도 변화하고 있다."

같은 보고서에서는 이렇게 말했다. "그렇다면 우리 자녀들에게 무슨 말을 해주어야 할까? (변화에) 끊임없이 적응하는 능력을 기르는 데 집중하고, 그 과정에서 다른 사람과 함께하는 법을 터득해야 한다. 가장 중요한 점은 자신의 정체성과 가치에 관한 핵심 감각을 지키는 것이다."

다른 일을 하고 싶을 때 스스로에게 해볼 질문들

- 무엇 때문에 그 일을 하고 싶은가?
- 지금 내게 중요한 것은 무엇인가?
- 무엇을 만들고 싶은가?
- 무엇을 변화시키고 싶은가?
- 어떤 경험을 하고 싶은가?
- 다른 사람을 어떻게 도울 수 있는가?
- 어떤 공간에서 일하고 싶은가?
- 어떤 사람들과 함께 일하고 싶은가?
- 일상을 어떻게 보내고 싶은가?
- 일을 하면서 어떤 기분을 느끼고 싶은가?
- 진짜 기회가 아닐지도 모른다는 상황을 전제로 어떤 가정을 하고 있는가?

인생에는 한 가지 길만 있는 게 아니다. 한 가지 직업만 있는 것도 아니며, 직업에 필요한 능력을 기르는 데 절대적인 길이 존재하는 것도 아니다. 길은 늘 진화하고 있으며, 그 과정에서 내게 기쁨을 주는 일을 선택하는 것은 전적으로 나 자신의 몫이다.

인생 여정에 나의 꿈 가져다놓기

일본에 있을 때 나는 무엇이든 할 수 있을 것 같은 기분이 들곤 했다. 표지판 하나 읽을 줄 모르고, 아는 사람도 거의 없고, 대화조차 하기 힘들었던 그 시절, 나는 늘 어딘가에서 넘치는 에너지를 받고 있다고 느꼈다. 그게 무언지는 확실치 않다. 하지만 '그 무엇'이 내 마음을 열어주고, 호기심이 생기게 하고, 이전에는 상상도 하지 못했던 온갖 경험을 하게 해주었다. 낯선 이들과 만나 친분을 쌓은 것부터 TV에서 내 쇼를 진행하는 진행자가 된 경험에 이르기까지, 모든 것들이 내 삶을 바꾸어놓았다.

여러분에게도 그 느낌을 선물로 주고 싶다. 여러분에게 영감을 주고 진로에 좋은 양분이 될 보물을 보자기에 정성껏 꾸려서 담아주고 싶다. 꿈이 인생의 가장자리 어딘가로 사라지는 것처럼 느낄 때마다 보자기를 풀어 마법의 기운을 들이마셨으면 좋겠다. 잠시만 여유를 갖고 내 인생의 경로에 나의 꿈이 생생히 보이도록 가져다놓고, 현재에 몰입하면서 다음 진로에 어떤 여정이 펼쳐질지 생각해보는 건 어떨까? 스스로에게 물어보라. 지금 당장 나의 꿈에 가까이 다가가기 위해 할 수 있는 일은 무엇인가? 나의 가슴은 뭐라고 말하는가?

인생의 시간표는 알 수 없다. 인생 여정도 예측할 수 없다. 하지만 매 순간 우리의 걸음은 의도대로 움직일 수 있으며, 우리 주위의 아름다운 것들을 경험하기 위해 잠시 쉬어갈 수도 있다.

노트에 다음 질문에 대한 답을 써보라.

- 돈이 되건 그렇지 않건, 현재 내게 무언가를 가르쳐주는 직업(역할)은 무엇인가? 그 직업이나 역할에서 무엇을 배웠는가?
- 일에서 재미있다고 느낀 부분이 있다면, 그 부분에 관해 어느 정도 공부했는가? (공식적으로건 비공식적으로건 무언가를 깊이 있게 배우기 위해 시간을 들인 분야라면 어떤 것이라도 상관없다.)
- 직업 외에 내 인생의 또 다른 중요한 경험은 무엇인가?

그다음 가로축에는 시간의 흐름을 나타내는 선을 긋고 세로축에는 시간을 10년 단위로 나눠서 표시하자. (30대 이하라면 5년 단위로 표시한다.) 그리고 위 질문에 답을 하면서 지금까지 내 인생에서 가장 중요했던 경험을 그래프에 표시해보자. '깨달음'의 순간들도 있었다면 표시해보자.

이제 서로 연관이 있는 일들끼리 선을 이어보자. 다른 일이 일어나려면 어떤 일이 일어났어야 했는가? 어떤 주제가 보이는가?

이제, 앞에 놓인 정보들을 가지고 아래 질문에 답해보자.

- 일과 관련해서 나의 행복에 영향을 미쳤던 가장 중요한 결정은

무엇인가?

- 지금까지 나의 진로에 특별히 감사한 일이나 사람이 있는가?
- 지금 당장 무엇이 필요한가? 지금 하는 일에서 한 단계 더 발전하기 위해, 혹은 새로운 방향으로 나아가기 위해 해야 하는 단 한 가지 일이 있다면 무엇인가?

와비사비 위즈덤

- 완벽한 하나의 진로는 없다.
- 인생 여정을 따라가다 보면, 내가 정한 우선순위에 잘 맞는 여러 직업을 만날 수 있다.
- 결과보다 결과를 얻는 방식이 더 중요하다.

8장. 순간을 소중히

우리는 노화가
자연스러운 삶의 과정이라는 것을 잊은 듯 살아간다.
하지만 와비사비는
삶의 모든 단계를 온전히 포용하라고 말한다.
그래야 우리 내면의 아름다움이 반짝일 수 있다.

어느덧 어두워지고 있었고 나는 조금 늦었다. 큰 맘 먹고 산 와인 한 병을 든 채 눈앞의 신사 문을 바라보았다. 정말로 이곳에 왔구나. 꿈이 아님을 확인하려고 볼을 꼬집으며 문 왼쪽으로 돌아섰다. '덴만구'라고 불리는 오래된 신사였다. 길에는 살짝 들뜬 사람들이 수런대는 소리와 수백 마리 개구리 울음소리가 뒤섞여 공기 중에 떠돌았다. 아마 신사에 있던 사람들이 돌아가는 시간이었던 것 같다. 당시 나는 19살이었다. 방에 학자들이며 언어학자, 미술 전문가 등 모든 면에서 나보다 지식이 월등히 뛰어난 사람들이 와 있을 것을 생각하니 잔뜩 주눅이 들었다. 아는 사람은 한 명도 없었다.

하지만 문득 무엇이 나를 이곳까지 오게 했는지 떠올랐다. 알렉스 커의 책『로스트 재팬』은 고등학교 시절 입시를 준비하던 내게 큰 힘을 주었다. 대학만 들어가면 신비와 모험이 가득한 삶을 살 수 있을 것 같았다. 글이 잘 써지지 않으면 이 책을 집어 들고는 몇 페이지씩 읽어나갔다. 그러면 한 시간은 글을 더 쓸 수 있는 영감을 얻곤 했다.

교토에 도착한 그날 나는 이 책의 저자인 알렉스 커에게 감사의 편지를 보냈다. 그는 일본에서 오래 살아온 유명한 문화 저술가다. 놀랍게도 알렉스 커의 조교가 답장을 보내왔다. 그의 집에서 열리는 파티에 오라는 초대장이었다. 그의 집은 『로스트 재팬』에 등장하는 매혹적인 공간 중 하나였다.

그의 집과 작업실은 기대를 저버리지 않았다. 나는 저녁 내내 동아시아의 역사와 정치, 오래된 물건과 기타 여러 주제로 오가는 멋진 대화를 들었다. 감히 내가 낄 대화 자리는 아니었지만 수백 년 된 아름다운 집에 와 있다는 사실만으로도 나는 충분히 만족했다. 잠시 후에 다 같이 알렉스가 글을 쓰는 집필실로 갔다. 예전에는 부엌으로 사용되던 곳이었다. 서까래가 드러난 공간은 실제보다 훨씬 더 넓어 보였다. 책상 위에는 뽕나무로 만든 커다란 한지와 큰 붓이 놓여 있었다. 그 책상에서 알렉스는 붓을 들고 아름다운 글씨체로 글씨를 썼다.

시간이 느리게 흘러갔다. 사람들은 얼굴에 미소를 띤 채 그곳에 꼼짝 않고 서 있었다. 촛불 빛이 방에 은은한 그림자를 드리웠다. 특별한 순간이었다.

몇십 년이 지난 후, 그날의 자세한 기억들은 흐릿해졌지만 내가 보물처럼 간직했던 그 순간만큼은 바로 어제처럼 선명하다.

생의 완벽한 순간

비밀 하나를 털어놓겠다. 나는 사실 '완벽함'이라는 단어를 무척 좋아한다. 그래서 늘 이 단어를 사용하곤 하는데 항상 특정한 맥락에서만 사용한다. 내가 완벽하다는 말을 사용할 때는 그 완벽함이 늘 진짜인 순간이다. 시간의 가장 작은 조각이 고요함 속에서 반짝이는 순간. 하지만 그 순간은 이내 가버린다. 완벽하지 않은 세상에 존재하던 완벽한 순간은.

알렉스 커의 작업실에서 조우한 그 순간은 완벽했다. 병원 침대에 앉아 창밖으로 바다를 내다보던 순간, 이제 막 태어난 내 아기를 가슴에 안고 일출을 바라보던 순간, 그 순간은 완벽했다. 오늘 아침, 책상에 앉아 글을 쓰면서 참새와 무언의 대화를 나누던 그 순간도 완벽했다.

끊임없이 흘러가는 일상 속에서 마주치게 되는 이런 순간, 아주 잠깐이지만 뭔가에 푹 빠지는 순간, 과거나 미래에 짓눌리지 않으면서 동시에 그 순간이 영원하지 않으리라는 사실을 인지한 그 순간은 마치 시간이 우리에게 보내는 눈인사처럼 느껴진다.

이렇게 반짝이는 보물들은 일상의 가장 작은 것들 속에 있다. 그 보물들은 조금 더 속도를 늦추고, 현재에 집중하며 오래 관찰해야만 보인다. 새 한 마리가 불쑥 찾아왔다 날아가 버린 그 짧은 순간에 내가 자연의 아름다움을 느낀 것처럼, 와비사비는 새가 날아가기 직전,

심장이 쿵 하는 순간 존재한다.

아름다움이 부르는 소리

어느 70대 여성이 내게 말했다. "빈 공간에 홀로 있지만, 그 공간에서 방금 전까지 함께 있던 사람들의 자취가 느껴질 때, 와비사비를 느낍니다."

공항 입국장 문이 열리기 직전 먼 곳에서 돌아온 사랑하는 사람을 기다리는 순간, 모닥불 연기 속으로 소곤소곤 이야기들이 묻어가는 순간, 키스의 추억이 떠오르는 순간, 모두 아름다운 순간들이다.

삶을 되돌아보면, 누구에게나 이런 순간들이 있을 것이다. 시선을 미래에만 혹은 스마트폰에만 더러는 다른 사람의 길에만 고정시킨 채 너무 빨리 달리다 보면 삶의 아름다움과 와비사비의 순간을 놓치고 만다.

지금 이 순간에 머물 때 삶이 얼마나 즐거운지 우리는 잘 알고 있다. 하지만 여전히 다들 서두르고, 다른 곳에 정신을 팔고, 스트레스를 받고, 어딘가에 틀어박혀 우리 인생처럼 느껴지지 않는 인생길을 달리고 있다. 진심을 가지고 마음을 열 때, 복잡함과 소란스러움을 뚫고 아름다움이 우리를 부른다.

그럼에도 우리는 때때로 이런 것들을 느끼면서도 외면하곤 한다.

기대했던 모습이 아니기 때문이다. 갈망해야 한다고 배워온 반짝반짝 빛나는 삶이 아니기 때문이다. 하지만 이 순간에 머물면서 아름다움이 부르는 소리에 귀 기울일 때 우리는 의미 있는 삶을 찾을 수 있다. 완벽하게 불완전한 삶을.

아름다움이 부르는 소리는 조용하다. 그 소리에 세심하게 주의를 기울였다가 그 순간의 일부가 되어야 한다. 창의적인 욕구, 시골 생활을 향한 갈망, 더 깊은 우정 등, 그게 무엇이든 그 순간은 특별한 아름다움으로 나를 초대한다. 그 소리에 귀를 기울이길 바란다. 그 소리가 삶의 아름다움 그 자체다.

오래오래 행복하게

유엔개발계획UNDP에 따르면 일본은 전 세계에서 기대수명이 가장 높은 나라다. 일본에서도 나가노의 마쓰가와 마을의 기대수명이 가장 높다. 이 사실이 발표되었을 때, 마쓰가와 시장은 인터뷰에서 이렇게 말했다.

뉴스를 보고 어안이 벙벙했습니다. 우리가 그것을 성취하려고 뭐 대단한 걸 한 게 아니기 때문입니다. 우린 아름다운 자연의 축복을 받은 거죠. 사람들은 밭에서 일하고 직접 기른 곡물을 먹지요. 주민들의 공동체 의식도 매우 강합니다. 아마 이 모든 것이 다 기여하지 않았나 생각됩니다.

취재차 마쓰가와 마을을 찾은 내 친구는 이렇게 말했다. "주민들은 대부분 밖에서 걷거나 산책하거나 수영을 하고 있더라고. 요리 강좌도 아주 많고. 마을 전체에 긍정적인 정서가 흐르고 있었어."

지자체는 한 걸음 더 나아가 이 마을의 기대수명이 높은 세 가지 이유를 찾았다. 첫째, 공중보건 수준이 높다. 둘째, 건강에 대한 인식 수준이 높고 건강을 위한 운동이나 활동에 참여하는 사람이 많다. 셋째, 주민들은 일을 하려는 동기와 지역사회 활동에 참여하려는 의욕이 높아서 의미 있는 삶을 산다.

마쓰가와 주민들은 단순히 오래 살기만 하는 게 아니라 행복하게 살고 있다. 그리고 그들에게 와비사비는 행복의 지표다.

마쓰가와의 젊은 상점 직원 아유미 나가타는 내게 이렇게 말했다.

와비사비를 느낄 수 없을 정도로 너무 바쁘게 살 때, 궤도를 벗어났다는 사실을 깨닫게 됩니다. 그럴 때면 속도를 늦추고, 호흡을 깊게 하면서 시간을 들여 아름다움을 찾지요. 와비사비를 감지하지 못할 때는 주의가 산만해져 있거나, 뭔가에 압박을 받을 때 혹은 우리 자신을 돌보지 못할 때입니다.

삶을 되돌아볼 때, 무엇이 기억나면 좋겠는가? 어떤 감정을 느끼고 싶은가? 어떤 것들이 삶에 기여했으면 좋겠는가? 무엇이 삶을 의미 있게 만들까? 살아가면서 얼마나 많은 아름다운 순간들을 경험하고 싶은가?

모든 감정에 아름다움이 존재한다는 사실을 잊어서는 안 된다. 설령 아주 힘든 시기를 지나고 있더라도 우리의 감정을 더 깊숙이 느끼려고 노력해야 한다. 자신의 감정을 깊이 느낄수록 매혹적인 생명력과 숭고함에 더 가까이 갈 수 있다.

와비사비가 알려주는 가장 근원적인 교훈은 우리가 영원하지 않다는 사실이다. 우리가 사랑하는 이들도, 우리를 둘러싼 세상 모든 것들도 영원하지 않다. 어쩌면 장수하지 못할지도 모른다. 삶은 소중하고 덧없다. 지금 있는 바로 이 순간에서부터 모든 삶의 단계에 최선을 다하는 것은 전적으로 우리 자신의 몫이다.

나이 듦의 지혜

나는 노인들과 대화하는 것을 좋아한다. 그들의 지나온 세월 이야기를 듣고, 현대사회에 대한 견해를 듣는 것이 참 좋다. 그래서 가니에 미네요와 대화를 하며 오후 시간을 보내게 되어 진심으로 기뻤다. 94세인 가니에 미네요는 진의 딸로, 나고야에서 태어났다. 고인이 된 진은 쌍둥이 자매인 긴과 함께 일본에서 가장 장수한 노인으로 유명하다. 두 사람은 각각 108세, 107세까지 살았다. 늘 유쾌하고 활기찬 쌍둥이 힐미니는 TV에도 자주 출연하면서 유명 인사가 되었다. 나는 가니에가 어머니와 이모에게 장수의 비결에 관해 배운 것이 있는지 궁금했다. 또한 통계적으로 보았을 때 장수할 가능성이 큰 가니에의 이야기도 무척이나 듣고 싶었다.

다다미 돗자리가 깔린 마룻바닥에 방석을 깔고 무릎을 꿇은 가니에는 온화하고 차분했다. 가니에는 모든 것을 꿰뚫어보는 듯했다. 이 집에서 태어난 가니에는 어릴 때부터 드넓은 논과 지평선을 보며 자랐다. 지금 이곳은 많은 주민이 사는 번화한 도시다.

우리는 녹차와 블루베리 과자를 먹으며 양육과 정치, 사회문제와 우정에 관해 이야기를 나눴다. 이야기하는 동안 무척 많이 웃었다. 가니에의 깔깔대는 웃음은 전염성이 강했다. 그러다 가니에는 허공을 지그시 응시하더니 이렇게 말했다. "그거 아세요, 늙는 것도 괜찮아요. 하지만 남아 있는 친구가 없다는 건 슬프지요."

우린 매년 열리는 히나 마츠리(여자아이들의 날) 직전에 만났다. 이날 사람들은 헤이안 시대의 전통 의상에 맞춰 황제와 황후, 신하와 음악가 옷차림을 한 인형들로 제단을 장식한다. 가니에는 제단에 긴과 진의 모습을 많이 닮은 인형 두 개를 올렸다. 긴과 진은 각각 금과 은이라는 의미인데 이 두 사람의 인형은 오래전 쌍둥이 자매의 팬이 만들어 보내준 것이다. 이렇게 사랑했던 사람을 추억하고 그들의 삶을 기리는 전통 의식은 마치 계절처럼 시간의 흐름을 일깨워준다.

가니에는 전통 의식뿐 아니라 일상에서도 소소하고 단순한 의식들을 습관처럼 행하며 하루하루를 적극적으로 살아간다. 늘 활기 넘치는 가니에는 매일 텃밭에서 채소를 가꾸고, 손수 기른 작물들을 이용해 직접 요리를 하며, 정기적으로 가족들의 묘를 둘러본다. 식사할 때는 작은 접시를 사용하고, 배가 부르다고 느끼면 식사를 멈춘다. 이런 식습관은 '하라하치부'라고 하는데 80퍼센트 정도만 배를 채우고 젓가락을 내려놓는다는 의미다.

가니에는 내게 이렇게 말했다. "좋은 인생을 사는 데 그리 많은 게 필요하지 않아요. 가진 것에 감사할 때, 그걸 사랑하는 사람들과 나눌 때 필요한 것은 무엇이든 채워지기 마련입니다." 가니에는 단순한 삶이 주는 선물을 깊이 이해하고 있으며 와비사비를 삶에 그대로 적용하며 살고 있다. 가니에는 또 이렇게 말했다. "가지지 않은 것을 걱정하느라 기운을 낭비하지 마세요. 그건 고통으로 가는 길이에요. 이미 가지고 있는 것에 집중하고, 할 수 있는 일에 최선을 다하세요. 기쁨은 만족에 있답니다."

어쩌면 가니에가 들려준 가장 귀중한 조언은 이 말인지도 모른다. "늘 유쾌하게 사세요. 중요하지도 않은 일을 너무 걱정하지 마세요."

7장에서 우리는 100세까지 사는 삶에 영향을 미치는 잠재적 요소들을 생각해보았다. 하지만 생각했던 것보다 오래 살지 못한다면? 생각보다 짧은 생을 살게 되었을 경우도 잠시 생각해보자.

- 지금부터 10년만 살 수 있다고 가정해보자. 지금 하는 일과 장기적인 경제계획, 삶의 우선순위 등은 어떻게 달라질까? 1년만 더 살 수 있다면 그것들은 또 어떻게 달라질까?
- 지금 삶의 끝은 어떠하리라 생각하는가?
- 생의 마지막 문턱에 있는 내가 현재의 나에게 들려주고 싶은 말이 있다면 무엇인가?

누구도 수명을 예측하지 못한다. 그래서 다양한 가능성을 상상하다 보면 진정으로 중요한 것을 깨닫기도 하고 삶의 우선순위를 다시 생각할 수도 있다. 또 우리의 삶에서 정말 간절한 것은 무엇인지, 그렇지 않은 것은 무엇인지를 구분할 수 있게 되며, 현재의 삶에 최선을 다하고, 조급한 일상에서 물러나 깊게 호흡하고 매 순간에 흠뻑 빠지는 날들을 살게 된다.

시간이 만들어낸 아름다움

공항에서 도쿄행 비행기를 기다리고 있던 중이었다. 나는 양손에 값비싼 화장품을 들고 저울질하고 있었다. 하나를 사면 하나를 공짜로 더 준다는 말에 혹해 어떤 화장품을 살지 고르던 중이었다. 그때 문득 이런 생각이 들었다. '불완전한 아름다움을 공부하려 일본으로 가는 비행기를 기다리는 동안, 나는 주름을 없애준다고 유혹하는 이 반짝이는 물건에 사로잡혀 있구나.' 아이러니한 상황에 나도 모르게 웃음이 나왔다. 나는 화장품을 원래 있던 곳에 내려놓고 40파운드를 절약했다.

'안티에이징' 크림에 돈을 지불하려는 의지는 내 육체가 자연스럽게 늙어가고 있다는 사실에 대한 저항이다. 안티에이징 시장은 세계적으로 연간 3,000억 달러에 달한다. 이는 말라리아 퇴치와 예방에 전 세계가 지출하는 비용의 100배에 달하는 액수다.

우리는 자신에게 존재하는 '사비'의 아름다움을 보는 법은 잊어버린 채 젊은 시절로 돌아가려고 안간힘을 쓰고 있다.

흔히 나이 들어가는 과정을 피하고 두려워하기 마련이다. 하지만 와비사비 관점으로 보면 늙음도 포용해야 한다. 인간도 시간의 흐름에 따라 무르익는다. 나이가 들면 인품과 지혜가 더 깊어진다. 경험이 풍성해지고 세상에 내어놓을 것도 많아진다.

존경하는 사람을 마음속에 떠올려보라. 아마 그 사람은 지금 여러분보다 나이가 더 많은 사람일 가능성이 크다. 하지만 우리는 자신에게서 늙음의 가치를 발견하지 못한다. 젊어 보이기 위해 시간과 돈을 투지하지만 늙음의 아름다움과 지혜는 경시한다.

와비사비를 공부하다 보면 늙음에 관한 공부도 하게 된다. 늙는 것은 불교의 개념인 '무상함'과 관련이 있다. 얼마 전 건강 관련 전문가들이 모여 토론하는 자리에 패널로 참석한 적이 있다. 다들 어떻게 하면 더 오랫동안 젊게 살 수 있는지를 이야기하고 있었다. 마치 노화가 자연스러운 삶의 과정 중 일부라는 사실을 잊은 듯이 말이다. 누구나 늙음을 두려워한다. 죽음을 두려워한다. 젊음을 붙잡고 싶어하며 최대한 오랫동안 존재하고 싶어 한다. 하지만 와비사비는 우리에게 나이 들어감을 즐기라고 말한다. 가장 자연스러운 일이 진행되고 있는 것뿐이니 마음을 느긋하게 가지라고 말한다. 늙는 것도 괜찮다. 누구나 늙는다. 우리가 이곳에 더 이상 머물지 않게 된다는 사실을 알면 좋다. 우리가 가지고 있는 것들을 소중히 여기고 삶의 의미를 찾는 데 도움이 되기 때문이다.

와비사비는 자연의 섭리를 받아들여 평온하고 만족하는 길을 선택하라고 말해준다. 이 책에서 소개한 방법들을 활용하면 스트레스와 소란스러운 상황을 멀리하고, 조급하게 서두르며 생기는 공격적인 에너지를 내려놓고, 순리에 따르는 에너지를 기를 수 있다.

삶의 새로운 단계로 이동하는 일은 힘들고 어렵다. 특히 우리의 몸과 마음, 감정에 일어나고 있는 일들을 제대로 인지하지 못하거나 인정하지 않을 때는 더욱 그렇다. 때때로 우린 괴롭고, 혼란스럽고, 두렵기까지 한 변화의 시기를 겪곤 한다. 하지만 그런 시기에서도 크나큰 성장과 발전을 할 수 있다. 혹은 삶에서 벌어진 큰일이 우리를 삶의 다른 단계로 밀어버릴 때까지 기다리기도 한다. 하지만 그럴 필요 없다.

흘러가는 것을 붙잡으려고 집착하지 않고 변화에 마음을 연다면, 다음 단계에서는 더 깊은 지혜를 깨닫고 자연스럽게 시간의 흐름에 몸을 맡길 수 있게 된다. 준비가 되어 있건 그렇지 않건 상관없다. 와비사비는 이런 방식으로 우리에게 마음을 열고, 다가오는 삶의 모든 단계를 받아들이고, 지혜를 기르고, 자기 자신을 보살피라고 말한다.

일본어에 '후시메'라는 말이 있다. 대나무 마디를 뜻한다. 우리가 다음 단계로 성장하고 있다는 사실을 이해하며 삶에서 일어나는 중요한 변화의 순간을 표현하는 말이다. 이러한 변화의 시기를 기념 의식으로 축하하고, 인생의 특별한 단계를 지나올 때 도움을 주었던 이들에게 감사의 말을 전하며 보내는 사람들이 많다. 삶의 한 단계에서 다른 단계로 변화하는 것은 함께 축하하고 기릴 만한 가치가 있는 일임을 깨닫는 근사한 방법이라고 생각한다.

저마다 자신에게 맞는 삶의 속도를 선택하고, 할 수 있는 일에 최선을 다하고, 해야 할 모든 일을 받아들인다면 모든 것이 달라질 것이다. 삶의 모든 단계는 성장의 시간이다. 그 시간에 적극적으로 참여하건 그렇지 않건 매 순간 우리는 배우고 변화한다.

살면서 일이 잘 풀리는 때 혹은 잘 풀리지 않을 때 다음 질문들을 해보자.

- 여기서 나는 무엇을 배울 수 있는가?
- 지금 나는 어떻게 성장하고 있는가?
- 나의 내면과 외면에서 어떤 변화를 보거나 느낄 수 있는가?
- 삶의 다음 단계로 나아가기 위해 내가 내려놓아야 하는 것은 무엇인가?
- 지금의 나를 더 잘 보살피려면 어떻게 해야 하는가?

이 질문들은 지금 진행 중인 삶에 집중하고 다음 단계로 편하게 나아갈 수 있도록 도와준다. 그리고 나이와 상관없이 삶의 모든 단계를 온전히 포용할 때 우리 내면의 아름다움도 반짝일 수 있다.

작은 것에서 즐거움 찾기

이 책을 쓰기 위해 내가 만나 이야기를 나눈 노인들은 예외 없이 일상생활의 아름다움을 찾는 것이 얼마나 중요한지를 이야기했다. 그저 삶의 속도를 늦추고 작은 것들을 바라보기만 해도 일상의 아름다움을 누릴 수 있다. 화분에 물을 주고, 빵을 굽고, 석양을 보고, 별을 세고, 시를 읽고, 산책하고, 무언가를 만드는 모든 일상이 바로 그런 순간들이다. 마음만 먹으면 집안일도 명상이 될 수 있다.

현재에 집중할 수 있는 나만의 의식을 만들 수도 있다. 내 경우, 책상에 앉아 글을 쓰기 전 주전자에 물을 끓이고, 좋아하는 머그잔에 쓰인 햄릿의 한 구절을 곰곰이 생각한다. '너 자신에게 참되어라.' 이것이 나의 글쓰기 의식이다. 이 의식을 치르고 나면 내가 무언가 소중한 것에 시간을 투자하고 있다는 생각이 든다. 차도 더 향기롭게 느껴진다.

예기치 않은 일들에도 마음을 열 수 있다. 여행 중간중간 낯선 이들이 내게 베푼 온정이 무수히 많다. 오카야마에서 자전거를 타던 날, 한 노인이 나를 세우더니 갓 수확한 싱싱한 수박 한 덩이를 주었다. 어찌나 크던지 자전거 바구니가 가득 찰 정도였다. 산림욕 프로그램을 지도해준 관공서 직원은 쉬는 날인 토요일 아침, 시간을 내서 나를 숲까지 데려다주었다. 길을 잃을 때마다 누군가 늘 길을 알려주었다. 이 모든 순간이 내게 기쁨을 주었다. 내가 받은 친절을 갚으려 할 때마다 누군가를 도울 수 있다는 사실에 또 다른 기쁨을 느꼈다.

완벽하게 불완전한 계획

모든 것이 불완전하고, 일시적이며, 미완이라는 사실을 받아들인다는 것이 계획을 앞에 두고 피하기 위한 핑계를 대라는 것은 아니다.
오히려 정반대다. 현명하게 계획을 세우면 진정으로 중요한 것을 생
각해 우선순위를 정하고, 아름다움을 경험할 수 있는 삶의 여유를 만
들고, 남은 삶을 최선을 다해 살게 된다.

　좋은 삶이란 꿈과 실행 사이에서 늘 춤을 추는 것이다. 잊지 말아
야 할 점은 완벽한 계획에 사로잡히지 않는 것이다. 다음에 무슨 일
이 생길지는 알 수 없다. 다음은 중요한 결정을 내릴 때 다른 사람에
게 휘둘려 나 자신을 잃지 않도록 도와주는 방법들이다.

계획

일단 머릿속에 있는 것들을 모두 적는다.

- 사용 중인 노트, 다이어리, 일정표, 메모지, 기록장 등 무엇이든
  좋으니 그것을 해야 할 일을 상기시켜주는 도구로 활용한다.
- 인생에서 중요한 분야를 항목별로 적는다. (가령 가족, 일, 취미,
  건강, 친구, 재정, 집 등)
- 점착식 메모지 한 장에 해야 할 일을 한 가지씩 적어 가장 관련
  이 있는 분야 아래 붙인다. 각 항목마다 '해야 할 일' 메모지를
  붙이고 그 일을 하는 데 필요한 시간과 노력 정도를 적는다. 시
  간이 다소 걸릴 수도 있다.
- 다 적었으면 인생에서 '해야 할 일'이 가장 많은 분야를 확인해
  본다. 무슨 내용이 적혀 있는가? 놀라운 사실이 있는가?

가능성

지금으로부터 5년 뒤, 만족스럽고 충만한 삶을 사는 자신의 모습을 상상해보라. (꿈이 언제 이루어질지는 모르지만, 이 훈련은 꿈을 향해 가는 과정에서 중요한 결정을 내리는 데 도움이 된다.) 그다음 아래 질문에 답해보자.

- 5년 후 나는 몇 살인가?
- 어디에 살고 있는가?
- 무슨 일을 하는가?
- 매일매일 어떤 기대를 안고 살아가는가?
- 일이 잘된다면, 어떤 기분일 것 같은가?
- 감사한 일이 있다면 무엇인가?

변화

꿈을 이루려면 변화는 불가피하다. 다음 질문은 필요한 변화를 파악하는 데 도움이 된다.

- 몇 년 후 이룰 가능성이 희박하더라도 그 꿈을 이루려면, 내년 이맘때 즈음 무엇이 달라져야 하는가?
- 지금부터 1년 후, 나의 모습을 어떻게 묘사하고 싶은가?
- 지금부터 1년 후, 우리 집을 어떻게 묘사하고 싶은가?
- 지금부터 1년 후, 내가 하는 일은 어떤가?
- 지금부터 1년 후, 내 재정 상태는 어떤가?

- 지금부터 1년 후, 무엇을 만들고 싶은가?

우선순위

내 경험상 계획을 단순화하는 데 가장 중요한 일은 변화를 업무 단위가 아니라 프로젝트 단위로 생각하는 것이다. 여기서 말하는 프로젝트란 시작과 끝이 있는 일이다. 가령 '직업 바꾸기 프로젝트', '내 책 쓰기 프로젝트', '결혼 프로젝트' 같은 계획들을 말한다. 이렇게 프로젝트 단위로 계획을 세우면 중요한 일에 집중하게 된다. 지금부터 12개월 동안 꼭 이루고 싶은 프로젝트를 최대 다섯 개 이내로 선택해보자. 모든 프로젝트를 동시에 시작할 필요는 없다. 다만 1년에 걸쳐 천천히 진행하면 된다.

재조정

종이 다섯 장을 준비해 지금 진행해야 할 프로젝트를 적는다. 점착식 메모지에 적은 해야 할 일 목록을 살펴보고 각 프로젝트 하단에 관련이 있는 일들을 붙여본다. 어쩌면 붙일 메모지가 너무 적어서 깜짝 놀랄지도 모른다. 그 말은 현재 앞으로 하고 싶은 일들과 무관한 일들을 너무 많이 하고 있다는 의미다.

새로운 방식

계획을 완수하려면 내 인생의 중요한 프로젝트에 맞지 않는 '해야

할 일 목록'을 끝내거나 위임하거나 잊어야 한다. 늘 해야 하는 집
안일이나 내가 맡은 일들은 하나로 묶어 한꺼번에 처리하면 도움
이 된다. 가령, 우리 집에서는 한 달에 두 번 가계부를 정리해서 재
정 정리를 한다.

그다음에는 주중 일정을 살펴보면서 내가 정말 중요한 프로젝트
에 얼만큼의 시간을 할애하고 있는지 확인한다. 꿈의 언저리에서
서성이지 말고, 꿈을 프로젝트 가장 중심에 두고 나머지 것들을 그
주변으로 배치하는 계획을 세운다.

경제계획은 단순하게

돈 걱정을 할 때마다 기력이 다 소진되는 느낌이다. 사고 싶은데 못
사는 것들, 정말 필요하지도 않은데 샀다가 후회하는 것들에 대한 후
회와 분노로 우리는 지금 이 순간에서 멀어지곤 한다. 산만함과 걱정
은 와비사비를 느끼고 아름다움을 경험하는 데 걸림돌이 된다. 와비
사비와 별 상관이 없어 보이는 재정계획과 돈 관리도 우리를 지금 이
순간에 머물게 하는 데 큰 영향을 미칠 수 있으며, 남은 삶을 변화시
키기도 한다.

나는 일본에 유학 온 첫해 하숙집에서 살았다. 나는 하숙집 아주머
니를 '어머니'라고 불렀는데, 하숙집 어머니는 내게 가계 재정을 관

리하는 방법을 구체적으로 알려주었다. 인터넷 쇼핑이 활발하지 않던 시절이라 하숙집 어머니는 부업으로 직접 슈퍼마켓 물건들의 가격을 비교하는 일을 했었다. 그리고 이 기술을 살림에도 적용해 가계부를 기입했다. 하숙집 어머니는 들어오고 나가는 돈은 단 한 푼도 누락시키지 않고 모두 가계부에 적었다.

하숙집 어머니는 주방 식탁에 앉아 한 손으로는 개에게 어묵을 먹이고 또 다른 한 손으로는 신문을 넘겨가며 할인 쿠폰을 오리곤 했다. 시장을 볼 때는 절대 장바구니가 넘치게 장을 보지 않았고, 늘 저녁 시간에 할인하는 제품만 골라서 사곤 했다.

당시 학생 신분이었던 나는 지구 반대편에서 보내주는 용돈으로 생활을 하고 있던 터라 늘 예산이 빠듯했다. 집세와 학비는 충당이 되었지만 나머지 필요한 돈은 전적으로 나에게 달려 있었다. 매월 초에는 버스표도 조금 사두어야 했다. 비가 오는 날은 버스를 타야 했기 때문이다. 여행 경비도 조금 남겨두었다. 그리고 남은 돈은 은행에 가서 모두 100엔짜리 동전들로 바꿨다. 이 동전들을 묶어 테이프로 돌돌 말아 매일 점심시간마다 한 묶음씩 가지고 나갔다. 동네 커피숍에서 팔던 커피 한 잔 값이 250엔 정도였으니까, 400엔은 점심식사 예산으로 그리 넉넉한 돈이 아니었다. 보통 이 가격이면 밥 한 그릇과 국 한 그릇 혹은 학교 앞 상점에서 건포도 빵 한 봉지를 살 수 있었다. 이따금 점심을 포기하고 새 필기구나 귀여운 스티커 등 문구류를 사면서 '길티 플레져(죄책감을 동반한 즐거움—옮긴이)'를 느끼기도 했다.

나는 하숙집 어머니에게 명확하고, 실용적이고, 우선순위를 잘 정해서 돈을 쓰는 법을 배웠다. 늘 가계부를 쓰며 지출과 수입을 적는 모습을 보며 어떻게 돈 관리를 해야 하는지 깨달았다. 나도 하숙집 어머니처럼 가계부를 만들어 지출을 기록하면서 현재 나의 재정 상태를 점검했다. 우선순위를 정하고 그 순위에 맞게 지출했다. (학교에 가고, 여행하고 점심을 먹고, 문구류를 사는 것이 그 순위였다.) 그리고 매주 이 지출 기입장을 확인하는 습관을 들였다. 이 습관은 지금까지 이어져오고 있다. 지금도 나는 나만의 형식으로 가계부를 기록하고 있다.

재정 상태 정리하기

지극히 단순한 방식으로 재정을 정리하기 위해 스스로에게 다음 질문들을 해보자.

명확성

- 수입이 정확히 얼마인가?
- 지출이 정확히 얼마인가? 그 돈은 어디로 지출되는가?
- 순자산이 얼마인가? (간단하게 설명하면 순자산이란 저축과 투자금 등 내가 소유한 자산에서 대출금을 뺀 나머지다.) 누군가와 함께 살

고 있다면 내 자산의 비율은 어느 정도인가?

- 추구하지 않아도 되는 '완벽한 삶'을 위해 지출하는 돈이 있는가?
- 이 질문에 답하면서 어떤 기분이 드는가?

위 질문에 대답하며 어떤 기분이 들건 간에 지금 자신의 재정 상태를 정확히 파악해야 한다. 그리고 중요한 것은 다음의 단계들이다.

우선순위

- 나에게 가장 소중한 것은 무엇인가?
- 돈을 쓸 때 가장 적극적으로 우선순위에 두는 것은 무엇인가? 그 분야가 가치 있다고 생각하는 분야인가? 그렇지 않다면 어떤 변화가 필요한가?
- 실제로는 별로 중요하지 않다고 생각하면서 돈을 쓰는 분야가 있는가? 그 분야에 지출을 줄이는 데 방해가 되는 요소는 무엇인가?
- 돈을 현재와 미래의 행복과 건강을 위한 도구로 더 잘 활용하려면 어떻게 해야 할까?

실천

- 그렇게 되려면 어떤 변화가 필요한가?

- 그 변화를 매일, 매주, 매월의 일상으로 만들어 신중한 지출과 저축이 습관이 되게 하려면 어떻게 해야 하는가?

현재 자신의 재정 상태를 명확히 알고 나와 내 가족에게 진정으로 중요한 것들 위주로 결정하고 계획을 세운다면 다음의 스트레스를 줄이거나 없앨 수 있다.

- 필요하지 않은 물건을 산 것에 대해 미래에 하게 될 후회
- 필요하지 않은 물건을 사는 바람에 미래에 무언가를 살 수 없게 되어서 생기는 분노
- 앞으로 나 자신과 가족을 경제적으로 어떻게 부양할지에 대한 고민

이 스트레스가 사라지면 완벽하게 불완전한 삶을 만들어나갈 수 있는 여유와, 지금 그곳에서 바로 행복을 찾을 수 있는 자유가 생긴다.

주위의 모든 것 알아차리기

시인 세이 쇼나곤의 『마쿠라노소시』에는 자신을 둘러싼 세상을 음미하며, 순간을 소중히 여기는 멋진 글들이 아주 많이 나온다. 그런 글

들은 주로 '~한 것들(가령 '머물지 않는 것들')'로 시작된다. 세이 쇼나 곤처럼 여러분도 그런 글귀로 시나 자신만의 글을 써보거나, 다음 문장을 완성해보길 바란다.

- 눈을 감아야만 보이는 것들
- 내 보물 주머니에 간직하고 싶은 것들
- 마음을 넉넉하게 해주는 것들

와비사비 위즈덤

- 삶의 모든 단계를 포용하면 우아하게 늙을 수 있다.
- 지금 이곳에 영원히 머물 수 없다. 사랑하는 사람 역시 마찬가지다. 서로에게 그리고 오늘 하루에 최선을 다하라.
- 완벽한 것은 찰나의 아름다운 순간에서만 발견할 수 있다. 매 순간을 소중히 여기라.

마
치
며

나는 완벽하게 불완전하다.
당신이 그러하듯.

3월 초, 나는 교토 철학의 길에 있는 카페 야외 테이블에 앉아 있었다. 무릎에 담요를 덮고 따뜻한 커피를 마시는 중이었다. 어디선가 풍경 소리가 들려왔다. 길 가장자리로 흐르는 수로 옆으로 앙상한 나뭇가지가 흔들렸다. 몇 주 후면 저 나무에 벚꽃이 무성하게 필 것이고 이 길은 관광객들로 가득할 것이다. 하지만 그 순간만큼은 오롯이 나 혼자 그 길을 누리고 있었다.

　조금 전 히라이와와 나눴던 대화를 다시 생각해본다. 히라이와는 우아한 생활용품 상점 '기니쇼'에서 일하는 젊은 여성이다. 나는 히라이와에게 왜 고객들이 기니쇼 상점에서 와비사비를 느끼는지 물었다. 얼룩덜룩한 벽, 지역 나무를 손으로 깎고 다듬어 만든 작은 소품들, 어딘지 모르게 어둡고 서정적인 느낌을 주는 색들이 기니쇼 상점의 모습이다. 그런데 히라이와의 대답에 이런 것들은 없었다.

제 생각에는 계절의 변화를 즉각 느낄 수 있는 공간이라 그런 게 아닌가 싶어요. 상점 안과 밖의 경계가 모호한 점도 영향이 있을 것 같고요. 수로 바로 옆에 상점이 있으니까요. 마치 자연의 일부가 된 듯한 느낌을 주어서 그런 게 아닐까요.

나는 교토에서만 이런 곳을 50군데 이상 보았다. 10대 시절, 매주 이케바나 수업을 들으러 다나카 선생님 집에 간 것이 그 시작이었다. 어느 여름날 저녁, K와 자전거를 타며 반딧불이를 찾아다니기도 했다. 외로운 겨울날, 가난한 학생이었던 나는 어떻게 하면 빠듯한 예산으로 한 달을 생활할 수 있을지를 생각하며 하염없이 걷기도 했다. 차와 케이크를 마시던 가을날도 있었다. 그 모든 계절을 돌아 다시 지금 이 자리에 왔다. 내가 다녔던 무수한 곳들, 와비사비를 공부하며 배웠던 모든 것들을 곰곰이 생각하며.

아름다움의 탐구에서 시작한 이 길은 탐구 그 이상의 여정이 되었다. 논리적 사고가 아니라 가슴과 온 감각으로 세상을 경험하는 새로운 삶의 방식이 되었다. 와비사비는 찰나의 아름다움을 보는 법을 가르쳐주며, 그렇게 사라지는 아름다움은 삶의 귀중함을 일깨워준다.

와비사비가 내게 준 가장 큰 가르침은 세상을 보는 관점이다. 와비사비 렌즈로 본 세상은 이전에 내가 보던 세상보다 훨씬 더 아름답고 평온하며 관대하고 가능성과 즐거움으로 가득하다.

마치며

손에 든 작은 그릇 속에

온 우주가 담겨 있다.

―라쿠 기치자에몬(15대 라쿠 장인)

이 책 서두에 '와비사비는 사랑과 조금 비슷하다'고 언급했다. 이 책을 쓰다 보니 '와비사비가 사랑과 아주 많이 비슷하다'는 생각이 든다. 와비사비는 아름다움에, 자연에, 우리 자신에게, 서로에게, 인생 그 자체에 보내는 애정 어린 감사다.

여러분에게 와비사비가 정신없이 빠르게 흘러가는 소비 위주의 삶에 신선한 해독제가 되기를 바란다. 더 느리게, 더 평온하게 자연과 다시 더불어 살게 되기를 바란다. 모든 것을 단순화하고, 진정으로 중요한 것에만 집중하고, 지금 바로 이곳에서 행복을 찾기를 바란다.

지은이 **베스 켐프턴**Beth Kempton

동양의 아름다움에 매혹되어 20년 넘게 동양의 철학과 미학을 탐구해왔다. 19살 학위를 위해 처음 발을 디딘 일본은 오랜 세월 일과 삶의 터전이었다. 있는 그 대로의 자신을 긍정하는 와비사비 철학을 감성적이면서도 실용적인 언어로 풀 어내어 전 세계인들의 공감을 불러일으켰다.

방랑자이자 모험가이고 미를 추구하는 사람이며 초콜릿과 문구류를 강박적으 로 좋아하는 사람이다. 현재 영국 남쪽 바닷가 마을에서 느린 삶을 살고 있으 며 산림욕에 푹 빠져 있다.

www.bethkempton.com

옮긴이 **박여진**

한국에서 독일어를, 호주에서 비즈니스를 공부했다. 기업경영 컨설팅 사업을 하다 번역가가 되었다. 주중에는 파주 번역인 작업실에서 번역을 하고, 주말에 는 여행을 다닌다. 지은 책으로 『토닥토닥, 숲길』이 있고, 옮긴 책으로『내가 알고 있는 걸 당신도 알게 된다면』,『빌 브라이슨 발칙한 영국산책 2』,『와비사 비 라이프』,『수납 공부』 등이 있다.

WABI-SABI

매일매일, 와비사비: 채우지 않아도 괜찮습니다

펴낸날 초판 1쇄 2019년 3월 20일
지은이 베스 켐프턴
옮긴이 박여진
펴낸이 이주애, 홍영완
편집 양혜영, 장종철
마케팅 김진겸, 김가람
디자인 김주연, 박아형
펴낸곳 윌북
출판등록 제406-2004-17호
주소 10881 경기도 파주시 회동길 209
전자우편 willbook@naver.com
전화 031-955-3777 팩스 031-955-3778
블로그 blog.naver.com/willbooks 포스트 post.naver.com/willbooks
페이스북 @willbooks 트위터 @onwillbooks 인스타그램 @willbook_pub
ISBN 979-11-5581-210-5 (03190) (CIP제어번호: CIP2019006526)